三大宗教

天国・地獄QUEST

伝統的な他界観から
現代のスピリチュアルまで

藤原聖子
Satoko Fujiwara

大正大学出版会

はじめに

二〇〇七年九月、ベルギーのブリュッセル市で、日本の漫画『DEATH NOTE』を模したと推測される殺人事件が起きました。この漫画は二〇〇三年から『週刊少年ジャンプ』で発表され、人気を博した作品です。主人公は、そこに名前を書くと、その名前の主が死ぬデス・ノート（死神のノート）を拾います。理想の世界を作ろうと、主人公は犯罪者の名前を次々とそこに書き込んでいきますが、それをよしとしない対抗勢力が現れ、戦いが始まるというストーリーです。この漫画は、中国では「教育上好ましくない」と社会問題化したとも報道されました。

しかし、もし外国の敬虔なクリスチャンやムスリム（イスラム教徒）がこの作品を読んだら、殺人を助長する可能性云々以前に、その世界観を問題にするかもしれません。漫画の英訳者は、文化摩擦が起こらぬよう、「God」という語を使わないなどの配慮をしましたが、そもそも一人の人間が他人の死を魔術的な方法で左右するという点がひっかかるでしょう。他界に関する設定もしかりです。作品中の「死神界」というのは、クリスチャンやムスリムからみれば、「?」な概念です。これは地獄でも、まして天国でもない場所として想定されています。いいかえれば、死神がいるところは地獄ではないということになります。それでは、天国や地獄の方はどうなのでしょうか。

これは『DEATH NOTE』ファンの間では関心事のひとつとなったようです。作品中で語られる「基本ルール」に「デス・ノートを使った人間は天国にも地獄にも行けない」というものがあります。ところが、原作の最後に、「実は天国も地獄も存在しなかった」という意味のせりふが登場するので、それをどう解釈するかが話題を呼んだのです。

そのような作品をくったくなく楽しむ現在の日本人の間では、実際の天国・地獄信仰はどうなっているのでしょうか。また、世界ではどうでしょうか。

「天国」と「地獄」の存在を信じる現代人の割合

二〇〇〇年の国際プロジェクト「世界価値観調査」によれば、「天国は存在する」「地獄は存在する」と答えた日本人の被験者はそれぞれ二一・九%、一七・一%でした。他の調査では、さらに低い数値が出ています。一二・一%と一〇・〇%(NHK放送文化研究所、二〇〇三年)、九・九%と八・二%(六〇歳以上の場合。國學院大学二一世紀COEプログラム、二〇〇三年)、

表1●「世界価値観調査」による、天国・地獄・死後の世界の意識調査（二〇〇〇年実施データより）

スリランカ、タイなど主要仏教国のデータはない

①天国は存在する

国名	全体	ある	ない	分からない	無回答
日本	1362	21.9	36.4	41.7	—
インド	2002	65.6	25.5	8.9	—
インドネシア	1004	99.5	0.1	—	0.4
バングラデシュ	1499	98.7	0.5	0.8	—
ベトナム	995	15.0	75.9	9.1	—
フィリピン	1200	94.3	3.8	1.9	—
イラン	2532	94.1	1.5	3.5	0.9
トルコ	3401	91.0	7.5	1.3	0.2
エジプト	3000	100	—	—	—
アメリカ	1200	84.8	11.5	3.7	—
メキシコ	1535	83.1	12.9	4.0	—
イギリス	1000	46.0	34.4	17.9	1.7
イタリア	2000	50.4	35.4	12.1	2.0
スペイン	1209	43.3	41.2	15.4	—
フランス	1615	28.1	61.5	9.0	1.4
ドイツ	2036	27.9	63.8	7.2	1.2
チェコ	1908	18.4	67.3	12.5	1.8
デンマーク	1023	16.3	72.3	10.9	0.5
スウェーデン	1015	27.2	62.2	10.6	—
ロシア	2500	25.5	44.0	29.4	1.1

②地獄は存在する

国名	全体	ある	ない	分からない	無回答
日本	1362	17.1	39.7	43.2	—
インド	2002	61.9	28.5	9.6	—
インドネシア	1004	99.3	0.1	0.2	0.4
バングラデシュ	1499	94.3	4.6	1.1	—
ベトナム	995	15.5	75.1	9.4	—
フィリピン	1200	87.4	7.1	5.5	—
イラン	2532	93.5	1.7	3.8	1.0
トルコ	3401	90.7	7.9	1.4	0.1
エジプト	3000	100	—	—	—
アメリカ	1200	71.5	23.8	4.7	—
メキシコ	1535	69.6	25.2	5.1	—
イギリス	1000	29.8	49.8	18.4	2.0
イタリア	2000	41.8	43.4	13.0	1.9
スペイン	1209	33.7	49.3	17.0	—
フランス	1615	17.6	72.7	8.2	1.5
ドイツ	2036	18.1	73.2	7.4	1.2
チェコ	1908	11.8	74.4	12.1	1.7
デンマーク	1023	8.7	83.1	7.7	0.5
スウェーデン	1015	8.4	84.6	7.0	—
ロシア	2500	25.4	44.7	29.0	1.0

③死後の世界は存在する

国名	全体	ある	ない	分からない	無回答
日本	1362	31.6	30.5	37.9	—
インド	2002	59.2	31.2	9.5	—
インドネシア	1004	98.8	0.5	0.3	0.4
バングラデシュ	1499	53.8	42.3	3.9	—
ベトナム	995	14.6	77.6	7.8	—
フィリピン	1200	81.3	13.0	5.7	—
イラン	2532	94.8	2.3	2.1	0.8
トルコ	3401	86.0	11.9	1.9	0.1
エジプト	3000	100	—	—	—
アメリカ	1200	75.8	17.2	7.0	—
メキシコ	1535	67.6	21.7	10.7	—
イギリス	1000	45.0	30.1	23.1	1.8
イタリア	2000	61.4	23.0	14.2	1.4
スペイン	1209	45.7	35.2	19.2	—
フランス	1615	38.5	47.6	12.7	1.3
ドイツ	2036	33.4	54.8	10.8	1.0
チェコ	1908	26.9	52.1	17.0	1.3
デンマーク	1023	32.1	51.7	15.8	0.4
スウェーデン	1015	39.1	45.4	15.5	—
ロシア	2500	25.9	44.8	28.2	1.0

①天国は存在する

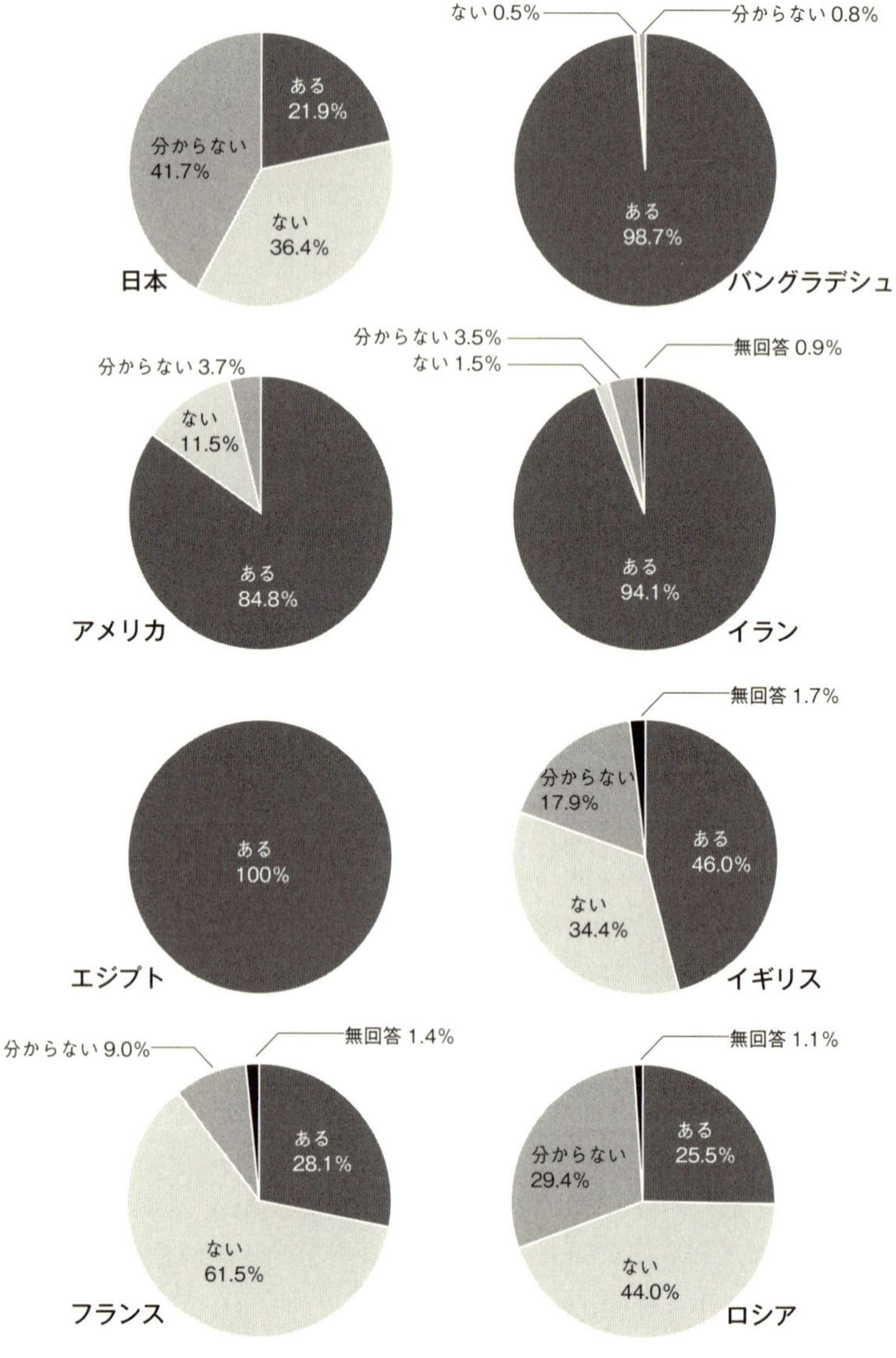
日本
ある 21.9%
ない 36.4%
分からない 41.7%
バングラデシュ
ある 98.7%
ない 0.5%
分からない 0.8%
アメリカ
ある 84.8%
ない 11.5%
分からない 3.7%
イラン
ある 94.1%
ない 1.5%
分からない 3.5%
無回答 0.9%
エジプト
ある 100%
イギリス
ある 46.0%
ない 34.4%
分からない 17.9%
無回答 1.7%
フランス
ある 28.1%
ない 61.5%
分からない 9.0%
無回答 1.4%
ロシア
ある 25.5%
ない 44.0%
分からない 29.4%
無回答 1.1%

②地獄は存在する

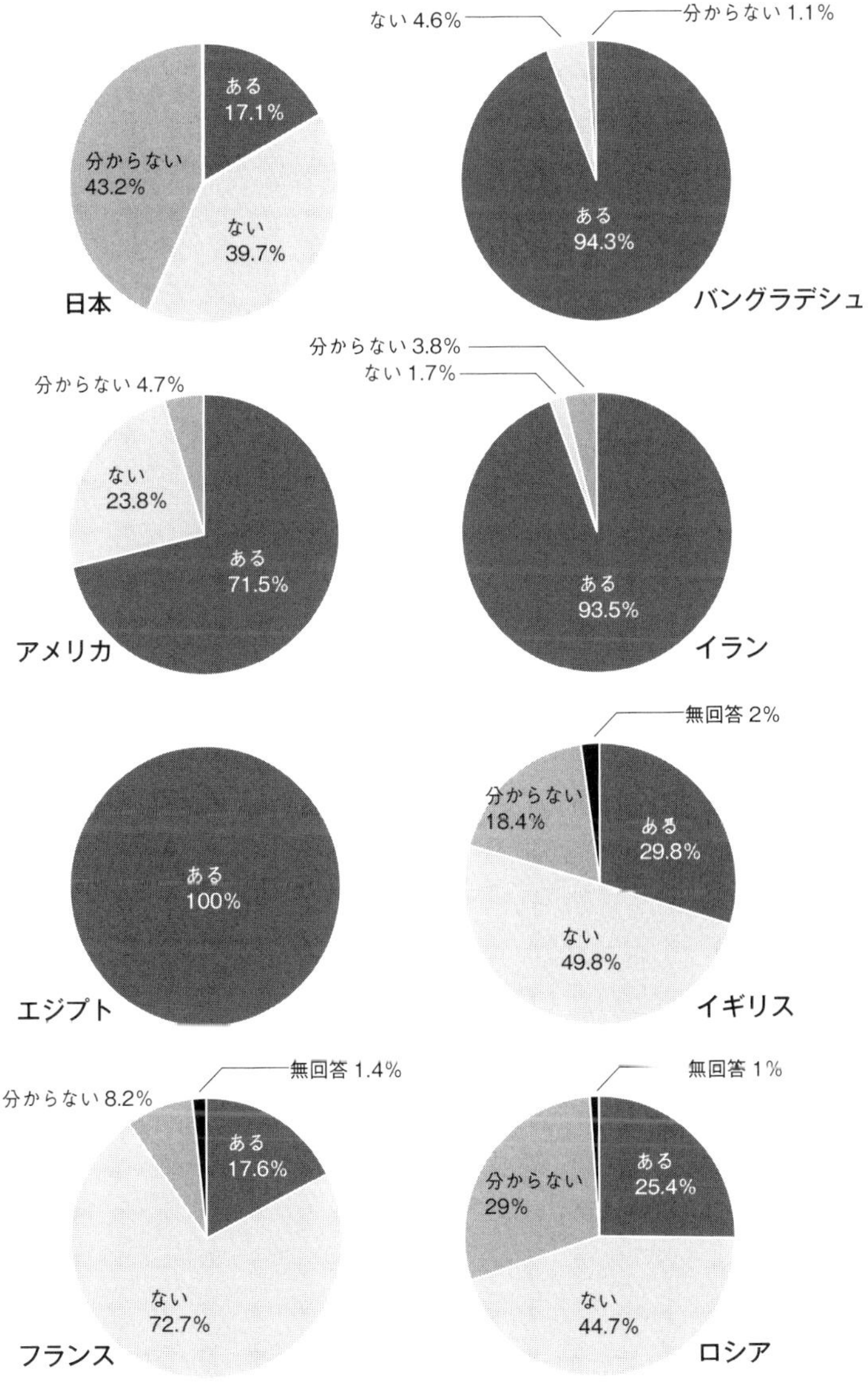
日本
ある
17.1%
ない
39.7%
分からない
43.2%
バングラデシュ
ない 4.6%
分からない 1.1%
ある
94.3%
アメリカ
分からない 4.7%
ない
23.8%
ある
71.5%
イラン
分からない 3.8%
ない 1.7%
ある
93.5%
エジプト
ある
100%
イギリス
無回答 2%
分からない
18.4%
ある
29.8%
ない
49.8%
フランス
無回答 1.4%
分からない 8.2%
ある
17.6%
ない
72.7%
ロシア
無回答 1%
分からない
29%
ある
25.4%
ない
44.7%

③死後の世界は存在する

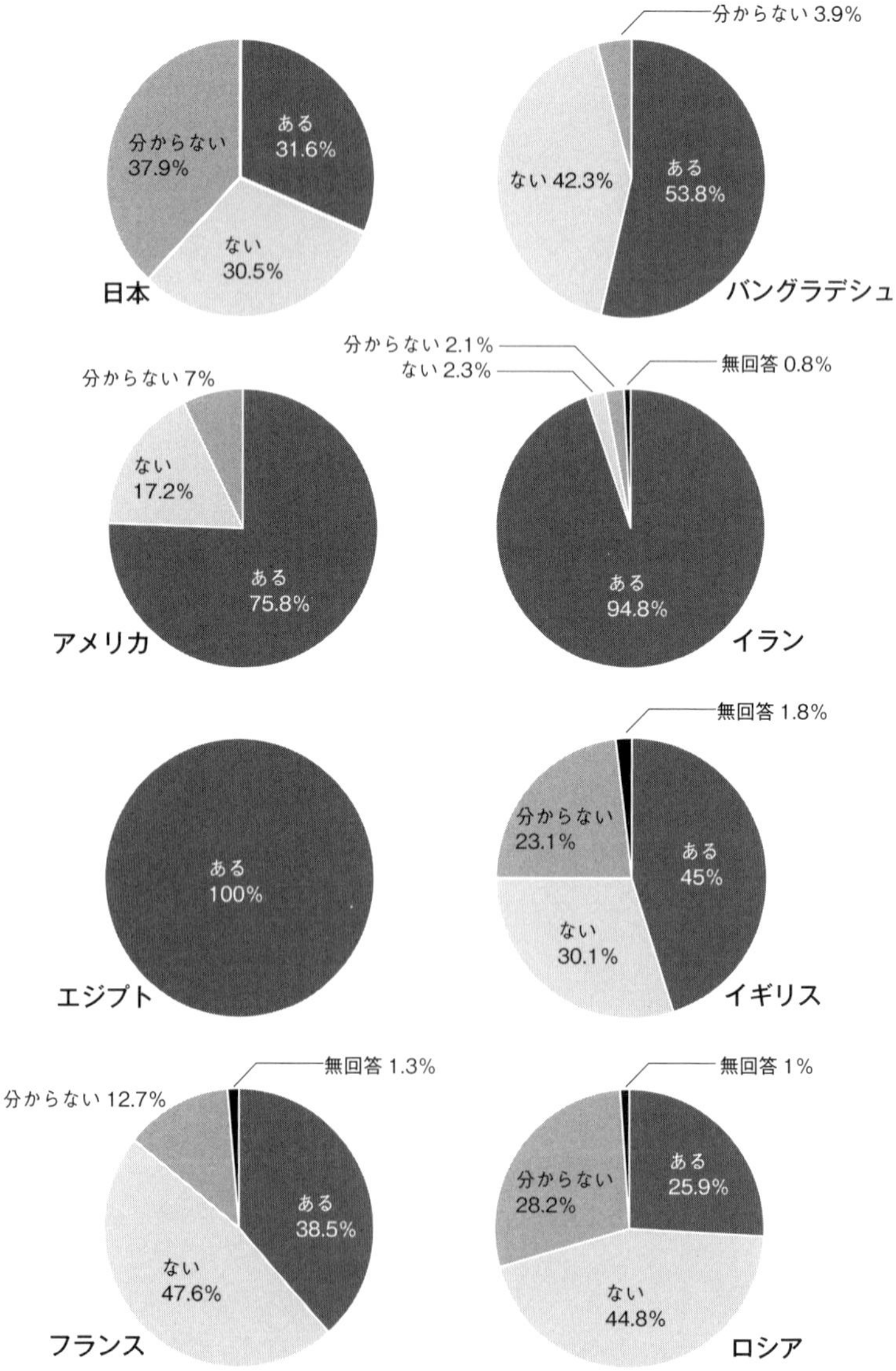

表3●日本人の宗教意識・年齢別
（國學院大学21世紀COEプログラム，2003年）

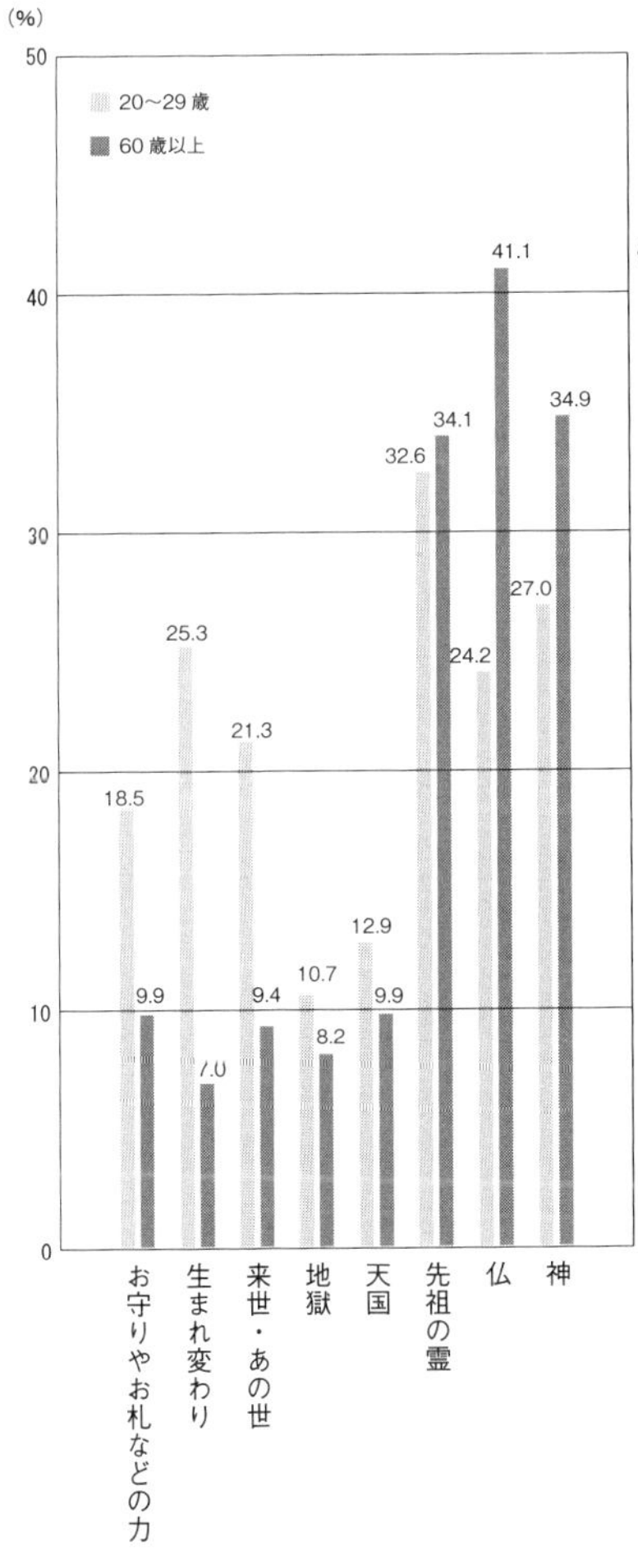

表2●日本人の宗教意識
（NHK放送文化研究所，2003年）

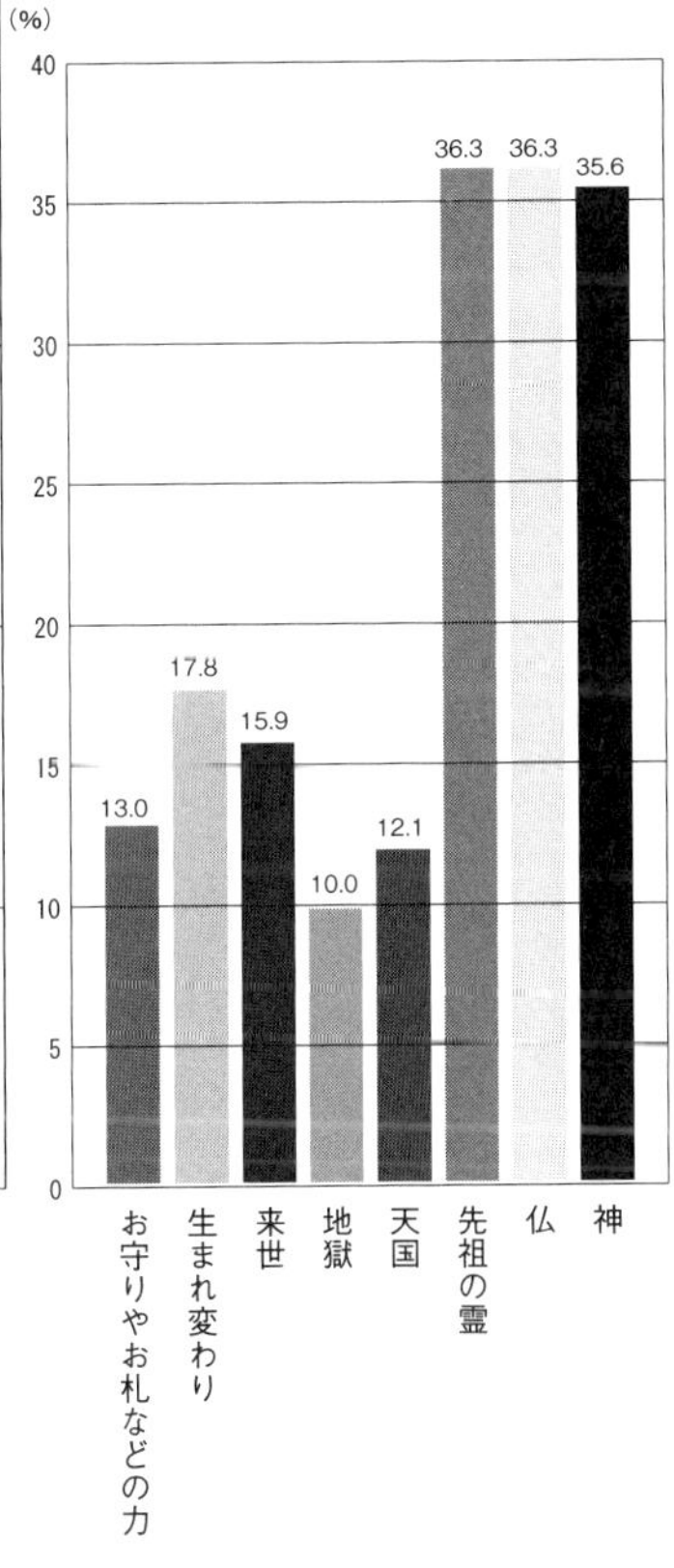

一二・九と一〇・七％（二〇代の場合。同上）などです（表1、2、3）。

ところが、どの調査でも、質問が若干変わり「死後の世界」や「来世」が存在すると思うかとなると、「はい」という意見が増える傾向が見られます。世界価値観調査では三一・六％（「死後の世界」）。NHKの調査では一五・九％（「来世」）、一七・八％（「生まれ変わり」）。國學院の調査では、六〇歳以上の場合は九・四％（「来世・あの世」）、七・〇％（「生まれ変わり」）とむしろ下がっていますが、二〇代では二一・三％（「来世・あの世」）、二五・三％（「生まれ変わり」）と大幅に上がっています。

ちなみに、「神は存在する」と答える人の割合は、世界価値観調査では三五・〇％、NHKの調査では三五・六％、國學院の調査では三四・九％（六〇歳以上）、二七・〇％（二〇代）です。

外国ではどうでしょうか。日本のように、「天国は存在する」「地獄は存在する」と答える人と「死後の世界は存在する」と答える人の割合にひらきがあり、後者の方が多いという国はあるでしょうか。世界価値観調査によれば、ドイツやフランスは日本に近い数値と傾向を示しています。イギリスやイタリアは数値は日本よりもだいぶ高いですが、「天国は存在する」「地獄は存在する」と答える人よりも「死後の世界は存在する」と答える人の方が多いという点では同じです。

反対に、「天国は存在する」「地獄は存在する」と答える人の方が「死後の世界は存在する」と答える人よりも多い国はどこでしょうか。アメリカはそうです（地獄については少し数値が下がりますが、天国は八四・八％、死後の世界は七五・八％です）。ひらきが大きいのはバングラデシュです。全体的には、ヨーロッパ諸国よりもアジア（東アジアを除く）、アフリカ諸国にこの傾向が多く見られます。

現実味を失った「天国」「地獄」

以上のデータからなにがわかるでしょうか。まず、現代の日本では、天国・地獄はあまり現実味がないものといえるでしょう。どの調査でも「ある」と答える人は約一〇人に一人というのは決して無視できない数ではありますが、世界価値観調査では六〇カ国中下から一〇位以内に位置しています。おもしろいことに、「神は存在する」という人は約三割ですので、論理的には「神は存在するが、その場所は天国ではない」と思っている人が相当数いることになります。推測ですが、もし「神はどこにいると思うか」と質問すれば「天国かなあ」と答える人は一〇人に一人よりは増えるでしょう。神の居場所はどこかと改まって問われれば天国と答えても、ふだんは天国・地獄のことをまったく意識していないという人たちがいるのでしょう。なお、世界価値観調査によれば、どこの国でも「神は存在する」という答えは

「天国は存在する」という答えを上まわります。しかし、その二つの数字に倍くらいの極端な差がある国、つまり「神はいるが天国はない」とする答えが多い国は、先述のドイツ、フランス、イギリスといったヨーロッパ諸国に目立ちます。

このように、ヨーロッパや日本には、死んだ後も人間は無になってしまうわけではないと信じつつも、しかしいわゆる天国や地獄に行くとは思えないという人が多いのです。日本を対象とした國學院大学の調査からは、さらに、天国や地獄は信じられないが、死んだ人の霊はどこかに存在し、生まれ変わると思う人が、若者の間で増えていることもうかがわれます。天国・地獄よりも幽霊の方がはるかにリアルなのです。

厳密には、他国と比べての日本の際立った特徴は、天国・地獄の存在にしても、神の存在にしても、「分からない」という解答が非常に多いことです（世界価値観調査では、「神」については三三・四％、「天国」は四一・七％、「地獄」は四三・二％）。天国・地獄は物理的にはありえないとされても、なおきっぱりとは存在を否定できない人たちが半数近くいるわけです。とはいえ、「ウソをつくと地獄の閻魔さまに舌を抜かれるぞ」という言葉が、今の日本でどれほどの説得力をもつかを考えれば、天国・地獄信仰が生きているとはいいがたいでしょう。

本書のねらい

本書の目的は、まさにこの現代日本では廃れつつある天国・地獄信仰をテーマに、世界の三大宗教の過去と現在を理解しようというものです。三大宗教を比較する本は数多く出版されていますが、「天国」と「地獄」を軸としたものはほとんどないようです。それはなぜなのかは、見てきたデータから推測がつきます。天国や地獄は科学が発達する以前の人々の空想の産物なので、各宗教の信仰や思想の本質（時間が経とうとも変らない中心部分）にはあまり関係がなく、重要度は低いという認識があるのでしょう。三大宗教と「死生観」（宗教は死をどうとらえ、死の悲しみや恐怖をどのように克服しているか）というテーマであれば、現代人にも学ぶ意義があるが、「天国」「地獄」というテーマはどこか子どもっぽいと思われているのかもしれません。

これに対して、本書があえて異色のアプローチをとるのには三つの理由があります。第一に、「天国」「地獄」観念は、三大宗教において特異な部分、つけ足し的部分ではなく、むしろきわめて重要な部分であると見ることができること。三大宗教は、専門用語では「救済」に重きをおくため「救済宗教」と呼ばれることがあります。「救済」とは「ある状態から救われること」ですが、救済が意義をもつには、現在の状態はよくないものであり、そこから別の状態に移ることがよいことだという考えが前提となります。これは三大宗教に共通していいます。いいかえれば〈どこから〉〈どこへ〉向かうことが人間にとって最も幸せなのかという「救済観」が比較的明確であるというのが、三大宗教にとくに強い特徴です。この〈どこへ〉を表したものが、伝統的には「天国」「地獄」観念だったのです。ということは、「天国」「地獄」という面から三大宗教を理解するというのは、奇をてらっているのではなく、きわめて正統派だともいえるのです。

さらに、先のデータが示すように、「天国」「地獄」信仰は、伝統的な三大宗教と現代日本人の宗教意識を分けるものでもあります。若者たちが、「天国」「地獄」信仰から「生まれ変わり」信仰に移っているのはなぜなのか、それを理解することは、私たちが過去からどのように変化し、〈どこへ〉向かっているのかを知ることでもあります。このように、「天国」「地獄」に注目することによって、二種類の〈どこから〉〈どこへ〉という問題――救済観の中身とその歴史的変化――に答えることができるわけです。

第二に、信じる人は減ったといっても、「天国」「地獄」への言及は文化から消えたわけではありません。『DEATH NOTE』は一例で、このところはファンタジー・ブームに乗って、「天国」「地獄」は作品の構成要素として、サブカルチャーをにぎわしています。天使や悪魔を登場させるなら、天国や地獄を含めた世界を構想しないと全体が落ち着かないということがあるのでしょう。

天使や悪魔がいるところは、天界・魔界と呼ぶ方がしっくりくるという人もいるかもしれません。そこがまさに問うべき問題のひとつです。天界・魔界、さらには霊界やヨミ（黄泉・陰府）といった言葉がゲームやアニメにはよく出てきますが、これらはもともと天国・地獄のいいかえなのでしょうか、それとも別のものを指すのでしょうか。こういったことを知っておくのは、今の時代の教養として意味のあることでしょう。

ファンタジー作品を作るときに天国・地獄のモチーフを入れようとする人は、これらが昔の人の空想の産物だと割り切っているからこそ、想像を膨らませ、自分らしいアレンジを加えるということもあるでしょう。『DEATH NOTE』の「死神界」のように、地獄に代わる新しい世界の話を創作してみようという人もいるでしょう。

しかし、忘れてはならないのは、世界に目を向ければ現在でも「天国・地獄はある」と明言する人たちが大勢いるということです。「天国」「地獄」の存在も、「神」の存在も、みな「ある」が一〇〇％になったエジプトなどは、信じない人から見れば不思議なことときわまりないでしょう。アメリカの「天国はある」八四・八％という数字にも驚く人は多いかもしれません。真剣に信じている人たちに対しては、いくらフィクションの作品だといっても、天国・地獄を自分流に描いてしまったら失礼になるかもしれません。「なぜ信じられるのかわからない。そういう人たちとはどうやってコミュニケーションをとればよいのか」と不安になる人もいるでしょう。

ここで重要なのは、ただ不安がったり、最初から敬遠したりするのではなく、信じている人たちはどのように信じているのか、そこをまず知ることです。現代の世界を理解するために、天国・地獄信仰の実態を知る。これが第三の理由です。

以上の目的のもと、本書は構成としては、まず三大宗教においては伝統的には天国・地獄信仰が重要だったのはなぜか、その天国・地獄観はそれぞれどのようなものだったかを見ていきます。続いて、現代社会ではそのような天国・地獄信仰はどのように変化しているか、その変化に抗して天国・地獄はあると主張する人たちは、天国・地獄はどのようなところだといっているのかを調べていきます。

目次

三大宗教　天国・地獄QUEST《クエスト》

2 キリスト教の天国と地獄　35

4 仏教の天国と地獄　115

Ⅱ　現代の天国・地獄観

I 伝統的な天国・地獄観

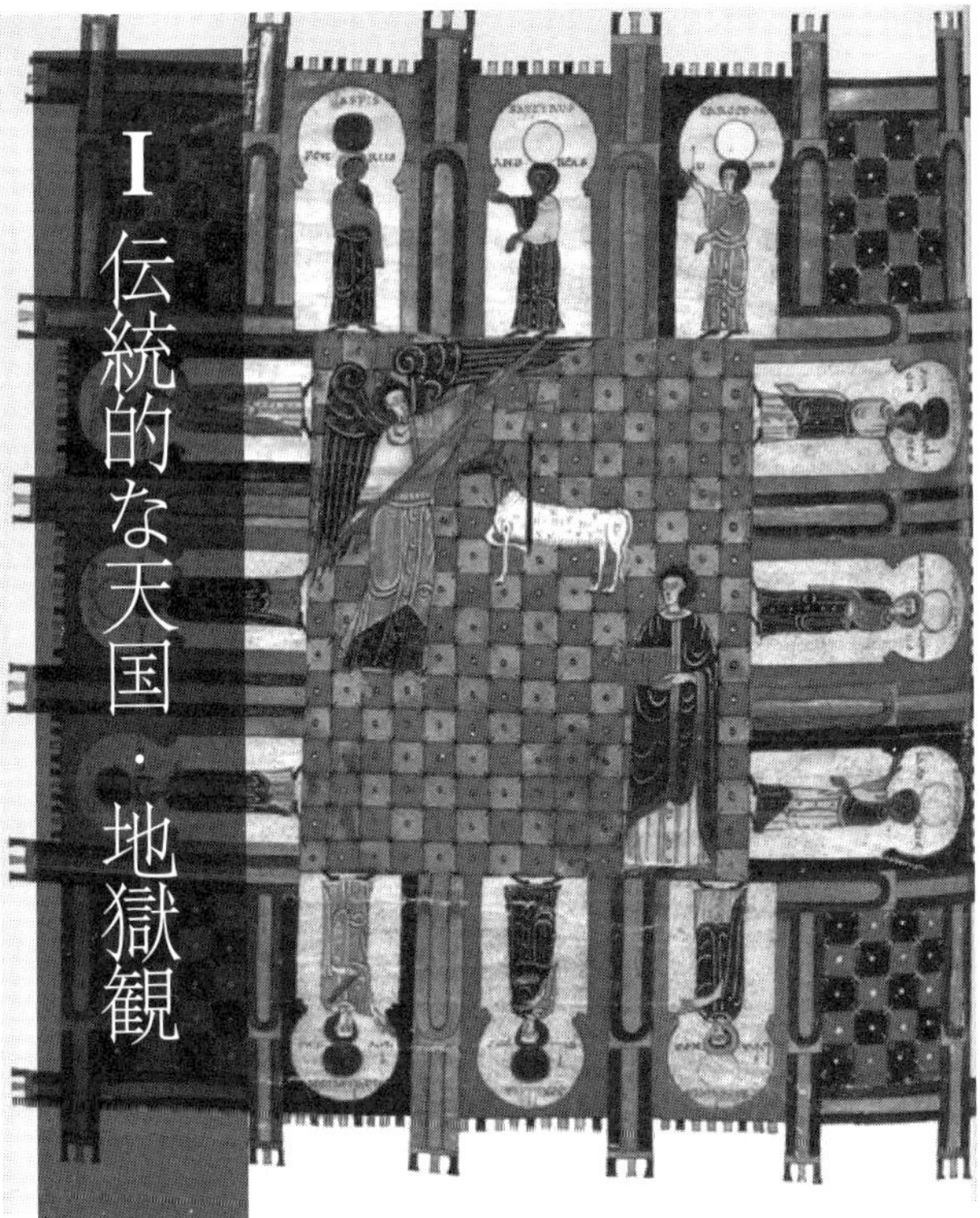

1 三大宗教と民族宗教の他界観の違い

民族宗教の他界観

三大宗教が出現する以前にも、世界には宗教は多数存在しました。そのような宗教は、三大宗教のように民族を超えて広がるということがなかったので、民族宗教と呼ばれます。また、村の土着の信仰・習俗のようなものは民間信仰、民俗宗教などといいます。そういった宗教には、ごく少数（古代エジプトの宗教、ゾロアスター教など）を除いて、善人は死後「天国」に、悪人は「地獄」に行くという信仰はありませんでした。そもそも、人は死んだらどうなるのかということからして漠然としていました。他界（広義の「あの世」を指す、学術的表現）はどのようなところでどこにあるのかを突き詰めるということがなかったのです。

日本の神道、民間信仰はその典型です。『古事記』には、「高天原《たかまがはら》」という天上界が出てきますが、これは人間が死後行くところとはされていません。死者はどこに行くのかというと、イザナギとイザナミの話から、黄泉の国(よみのくに、よもつくに)だということがうかがわれます。死んで黄泉にいるイザナミを夫であるイザナギが連れ戻しに行きます。黄泉の穢れた火で炊いたものを食べたイザナミは、帰ることができないといいますが、イザナギが懇願したため、神々に相談してくるといって去ります。待ちわびたイザナギは、いけないといわれていたのに中に入っていき、イザナミの姿を見てしまったため、殺されそうになり、必死で逃げ帰ります。

よく知られた話ですが、ここで黄泉とはどのようなところとして描かれているかを確認すれば、

- 明かりなしにはなにも見えないほど暗い(ヨミはヤミの類義語とも)
- イザナミを含め、黄泉の神々は御殿にいる
- イザナミの体は腐り、蛆《うじ》がわいている状態である

となっています。イザナミの体が腐敗しているのは、悪いことをしてバチがあたっているのではなく、遺体が時間とともに変化したためです(魂だけでなく体もあることが暗示されています)。つまり、黄泉のイメージは(土葬の)墓の中です。しかし、地中奥深いところにあるのかといえば、その点はあいまいです。というのも、イザナギが地下に降りていったとか、地下から上昇してきたといった描写がないのです。黄泉醜女《よもつしこめ》(一種の鬼)たちに追われ、走り

に走るシーンも、上下よりも水平方向の動きを思わせます。最後に黄泉比良坂《よもつひらさか》という、黄泉の国とこの世の境に到達しますが、その坂は下り坂です。

一般には黄泉は地下にあると思われているのは、高天原が天上、葦原中国《あしはらのなかつくに》がイザナギ・イザナミの造った国土ですから、黄泉国はその下にあるとする三層構造の方がわかりやすいからでしょう。また、日本語のヨミの音にあてられた漢語の「黄泉」は、「地下の泉」(黄色とは土の色)という意味でした。しかし、別の説では、ヨミは漢字では四方国《よもつくに》であり、それは葦原中国に対して端の方にあるという意味であり、地下にあることにはならないとされています。

地上なのか地下なのかはっきりしない一方で、入口である黄泉比良坂は出雲(現在の島根県東部)にあると考えられていたようです。『出雲国風土記』には黄泉の穴、黄泉の坂と伝わる場所が記されています。なぜ出雲かといえば、記紀神話の神道は中心を大和とする世界観ですので、太陽の沈む西方に死のイメージが重ねられたとされています。

黄泉はまた、大国主の神話に出てくる「根の国(根堅州国《ねのかたすくに》)」と同じだともいわれます。根の国にも黄泉比良坂から出入りすると『古事記』に書かれているからですが、しかし、描写は黄泉とまったく違います。根の国には大国主(オオナムヂ、オオナムチ)の父であるスサノオがいるのですが、娘のスセリビメと個人宅に住んでおり、普通に明るく日がさしており

（昼と夜がある）、野原もあります。スサノオもスセリビメも腐っているどころか、スセリビメは美しくて大国主がひとめぼれするほどです。そして最後には、大国主はスセリビメをそのまま連れ出すのです。

これほどまでに一貫性がないうえに、神話＝神々に関する話だということもあり、人間が死んでどうなったということが『古事記』には書かれていません（イザナミもスサノオもあくまで神です）。黄泉にしろ根の国にしろ、人間の死者が徘徊しているという描写はないのです（イザナミは人間を日に一〇〇〇人殺すと宣言しますが）。

『万葉集』には高市皇子《たけちのみこ》への柿本人麻呂による挽歌として、「ひさかたの天知らしぬる君故に日月も知らず恋ひわたるかも」という短歌がありますが、ここには高貴な人は死後高天原に行くという信仰も生まれたことがうかがわれます。また、古代の「あの世」にあたる言葉には、他に「常世《とこよ》の国」もあります。これも多義的な言葉で、主に死後の世界という意味をもつ場合と、不老不死の国という意味をもつ場合がありますが、場所は海のかなたとするのが一般的です。大和民族以外の他界観が流れ込んだものとされています。

『古事記』に体現される、天皇を権威づける神道に対して、日本各地で民衆の生活に結びついていた民間信仰があります。民間信仰も神々を祀《まつ》るということにおいて広義の神道ともいえますが、時代とともに仏教などの要素も加わっています。これは祖先崇拝を要《かなめ》とする信仰・習俗ですので、まさに「人間が死んだらどうなるか」が問われるはずなのですが、ここにおいても死者のいるところはそれほど明確ではありません。

多くの場合、死者は霊魂となり、山に行くと信じられています。海に面する地域では、山ではなく海とされる場合もあります(沖縄のニライカナイなどが知られています)。いずれにせよ、天上界ではありません。人々が日常暮らす「里」に対する「山」や「海」が、霊、神、妖怪などが住む他界なのです。死者の霊魂は、時間が経ち、また死者のためのしかるべき儀礼が行われると、穢れがなくなり、神々の仲間入りをします。生者にとっては、先祖が神になるわけです。先祖霊は、遠い天国ではなく、村を囲む山のようなきわめてローカルなところにいて、子孫を見守っているという感覚です。善人の霊魂は神々に合流するが、悪人の霊魂はどこか別のところに行くという観念は、民間信仰には希薄です。人里をさまよい、場合によっては生者に害を及ぼすのは、悪いことをした人の霊というより、不慮の死により未練や恨みを残して亡くなった人の霊です。

先祖霊は定期的に家に帰ってきます。お盆はその代表的な行事です。迎え火・送り火は現在は各家の門口で焚《た》くことがほとんどですが、山に先祖がいると信じられている場合には野で、海と信じられている場合には浜で焚くという習俗もありました。

このような信仰がある一方で、仏壇に日々お供え物をするということは、先祖霊はお盆期間だけでなく、いつもそこにいるということも暗示します。また、お墓参りをするということは、先祖霊はそこにもいるわけです。さらには、豊穣をもたらす神とも重なり、春には山から里に降りてきて田に実りをもたらし、秋になったら山に帰るという伝承も各地に存在しています。改めて考えてみると、死者の霊はどこにいるのかよくわからなくなります。

さらに、山にしても海にしても、そこで霊たちは日々どのように過ごしているのかは不明です。多くの場合は、霊はしばらく経つと個性を失い、他の霊とひとつの集合体になるといわれます。しかし、お盆のときには各家に戻ってくるわけですから、ひとつに融合したままというわけでもないのでしょう。このように、死後の霊のあり方もきわめてあいまいです。

三大宗教の他界観──M・ウェーバー、宗教学の救済類型論にもとづく

民族宗教や民間信仰では、死後はどうなるのか、他界はどこにあるのかが問い詰められなかったのは、死後の世界そのものにあまり価値が置かれていなかったためです。民族宗教や民間信仰は基本的に、人間界・自然界を含めたこの世の秩序を維持することを求めます。すなわち、毎年、災害や病に見舞われず、豊作と子宝に恵まれ、家・村・社会が存続し、栄えることが最も大きな願いです。関心が現世に集中しているということです。お盆のように死

者と生者が交流する行事が盛んなのは、死者が家や村に富をもたらすからで、やはり現世志向です。死んだ家族を忘れずに思慕するという感情もあるとはいえ、天災や疾病による生活へのダメージが今とは比べものにならないほど大きかった時代には、物質的な豊かさは大切なものでした。

これに対して、三大宗教は現世否定的で、来世志向という特徴をもちます。仏教は世を捨てて出家することをよしとするから現世を否定しているといえるが、キリスト教は違うのではないかと思う人がいるかもしれません。ここで現世否定的といったのは、この世で重視される価値、すなわち富や権力といったものを否定したという意味です。祖先崇拝の基盤である家にも否定的です。親子のきずなよりも神との関係の方が重視されたのです。

今の感覚からすると、家族のつながりにまで価値を置かないというのは行きすぎに見えるでしょうし、実際のところ三大宗教は近代化の過程でこのような特徴を弱めていきます。しかし少なくとも、近代以前は三大宗教の現世否定色は顕著です。民族宗教と三大宗教の間でなぜそのような価値転換が起こったのでしょうか。

民族宗教では、社会の秩序をそのまま維持し、繁栄することがよしとされていました。ところが、社会はそのように放置されますと、弱肉強食化します。とくに社会の規模が大きくなるほど、自然に助け合うということが難しくなり、貧富の差が開く一方となります。特定の家や（複数民族社会なら）ひとつの民族が権力を握り、不当に虐げられる人々が増えます。あるいは個々の家庭でも、家の存続や名誉のために縛られる個人が出てきます。

三大宗教はいずれもそのような社会に登場し、格差をなくし、人々を解放しようとしたのです。格差をなくすには、貧しい人に新たに富をもたらしたり、富める人にその財産を分け与えさせたりするというのも手段になりえますが、三大宗教がより力を入れたのは、本当の幸せはこの世ではなくあの世にあるという思想を広めることでした。現世で手に入れる富や権力はむなしいものである。来世で救われるのが人間にとって最高の幸せであり、そのために必要なのは、強い信仰をもち、よい行いにいそしむことである。それには社会的地位は関係ない。この考えは、恵まれぬ人々に魅力的に見えたことはいうまでもありませんが、それ以外の人にとっても無視できないものでした。というのも、この世での寿命は数十年、長くても一〇〇年です。死とともに自分は消滅するのではなく、霊魂の形でずっと残るのであれば、そのとき自分は幸せでいられるのかどうかは大きな関心事になってきます。さらに、現世でいくら富や名声を集めても、人間には罪があるのだからそのままでは救われない、あるいは富や名声に執着するのは苦のもとにすぎないと説かれれば、恵まれている人でも世界の見方が変わってきます。

この、幸せは現世より来世にあるという考えを人々に受け入れられやすくしたのが、天国と地獄の観念でした。地獄と黄泉（あるいは他の民族宗教の観念で、陰府、冥界などと訳されている世界）の大きな違いは、地獄は「牢獄」の「獄」という字を含むように、懲罰を必ず伴うところです。（その宗教の基準で）よい人は天国で幸せになり、悪い人は地獄で苦しむのだということです。この考えは、現世で悪人が金持ちになり、善人が不遇を強いられるというしばしば起こる不条理に疑問をもっている人々にとっては、ひとつの爽快な答えになりました。地獄には行きたくないという気持ちは、日々正しい行いをして生きるための動機にもなりました。

つけ加えれば、天国・地獄など存在しないとする近代以降の見方の中には、そのような信仰は恵まれぬ人々を精神的に救ったというより、現実の社会的不平等に甘んじさせるという結果をもたらしただけだという批判もあります。天国・地獄信仰は抑圧された人々の不満を吸収するので、むしろ権力者側に利するものだということです。「貧しい人たちが希望を胸に天を仰ぎ見ている間に、金持ちがその人たちのポケットからなけなしのお金をもこっそり抜き取っていくのだ」という、わかりやすい皮肉があります。しかし、歴史的事実としては、次のこともいえます。格差社会を容認せずに変えようという革命的な宗教運動も三大宗教においてはときおり起こりましたが、そのときのスローガンはしばしば「地上に天国を実現しよう」というものでした。つまり、その場合も天国のイメージは人々に強烈に働きかけたのです。

以上を整理すれば、民族宗教・民間信仰は現在の秩序を肯定するので、現状維持でよいのですが、三大宗教は、現在の状態から劇的に異なる状態に移行することを目指しました。このため、三大宗教には「救済」という言葉がぴったりするのです。現世では人間は望ましくない状況に置かれているわけですから、そこから救われねばならないのです。その救われる先のゴールが天国です。

「現世から天国へ」という救済の方向がはっきりと示されると、天国ではどのような幸せが待っているのかという天国の中身も重要になってきます。民族宗教・民間信仰では、来世で霊がなにをしているかは漠然としていますが、三大宗教では、来世は幸せに満ちているのだ、地上よりもはるかに楽しいのだということが説得力をもって語られる必要が出てきます。こうして、現実にはとてもありえない理想郷としての天国像が生まれます。地獄もまた、極端に悲惨で恐ろしい場所でなければ、人々の関心を現世から来世に向けることはできません。三大宗教に共通する地獄の要素は、業火と悪魔や鬼による拷問です。その詳細について見ていきましょう。

2 キリスト教の天国と地獄

旧約聖書―ユダヤ教における天国・地獄観の形成

キリスト教の聖書を調べますと、旧約聖書のほとんどの部分には天国と地獄という対概念は出てきません（聖書は解釈の問題を伴うので断言は禁物ですが、明確な対の言葉としての「天国」「地獄」はないといってよいでしょう）。旧約聖書はもともとユダヤ教の聖典ですので、キリスト教の前身となるユダヤ教においては、最初のうちは死んだら天国か地獄に行くという考え方はなかったことになります（現在のユダヤ教には存在します）。なんといっても、神は初めに世界のすべてを創造したことになっていますが、創世記の記述によれば、神が造ったのは天（空）と地（大地）だけで地獄を造ってはいません。天は神の居場所として最初からありますが、地獄の観念は後代につけ加えられたものなのです。

それでは、初期のユダヤ教では、人間は死んだらどうなると考えられていたのでしょうか。

ユダヤ教も民族宗教のひとつであり、最初のうちは死後の世界に対する関心は希薄でした。ユダヤ教にとっての救いのゴールは、神に与えられたカナン（パレスチナ）の地でユダヤ民族が繁栄することでした。つまり、あくまでこの世での幸せだったのです。神を信じ、神によって定められた正しい行いを続けることは、民族全体の命運を左右することでした。

個人レベルの行く末としては、死んだ人は善人も悪人もみな陰府に行くと考えられていました。創世記には、ユダヤ人の祖とされるヤコブは、愛する息子ヨセフが死んでしまったと思い、次のように語ったとあります。

息子や娘たちが皆やって来て、慰めようとしたが、ヤコブは慰められることを拒んだ。／「ああ、わたしもあの子のところへ、嘆きながら陰府へ下って行こう。」／父はこう言って、ヨセフのために泣いた。（創世記37・35）

この場合、ヤコブもヨセフも善人ですが、地下の死者の世界に行くことになっています。陰府と訳されているこの言葉はヘブライ語ではシェオールですが、聖書ではこの箇所が初出で、このように唐突に出てきます。唐突なのは、陰府自体には関心がないので、神が陰府を設けた過程や理由を説明する必要性がなかったからと考えられています。

主よ、あなたを呼びます。／わたしを恥に落とすことなく／神に逆らう者をこそ恥に落とし／陰府に落とし、黙らせてください。（詩篇31・18）

という表現も出てきますが、これは陰府では悪人に罰が与えられるという意味ではありません。この箇所では生きているうちに陰府に送られることが神から与えられる罰になっています。陰府は暗く、死者たちはひっそりと存在しているだけで、これも古事記の黄泉のように墓のイメージに重なります。ユダヤ教では生命の源は神によって吹き込まれた息＝霊(ruah)とされていましたから、それを失った陰府の人々はまさに生気のない状態なのです。

［わたしの］命は陰府にのぞんでいます。／穴に下る者のうちに数えられ／力を失った者とされ／汚れた者と見なされ／死人のうちに放たれて／墓に横たわる者となりました。／あなたはこのような者に心を留められません。／彼らは御手から切り離されています。あなたは地の底の穴にわたしを置かれます／影に閉ざされた所、暗闇の地に。（詩篇88・4〜7）

ただし、唯一神を信じるユダヤ教では民間信仰のように祖先霊を崇拝することはありません。死者と生者の間には交流はなく、神も死者に働きかけることはありません。陰府は「忘れの国」(口語訳 同12、新共同訳では「滅びの国」)と表現されています。

この他界観が変わるのは、エルサレムが破壊され、ユダ王国が倒され、ユダヤ人がバビロンに連れていかれたバビロン捕囚(紀元前五九七)以降です。激動の時代であり、数十年の捕囚のあとユダヤ人はエルサレムに戻るとはいえ、ローマ帝国の支配を受けるようになり、苦難が続きます。このような中、紀元前二世紀までには死者は生前の信仰と行いによって天国か地獄に振り分けられるという考えが浸透しました。なぜそうなったかといえば、天国・地獄観念にはその前提となる終末思想があり、それが苦難を受け続けるユダヤ人には非常に重要となったのです。終末思想、つまり、この世の終わりが訪れ、メシア(救世主)が到来し、ユダヤ人は救われるという思想です。その終わりのときに、それまでの死者がみな復活し、神による最後の審判が行われ、善人は天国で永遠の生命を得、悪人は地獄で永遠に苦しむという信仰が生まれたのです。この考えが旧約聖書で初めて現れたとされるダニエル書には次のように表現されています。

その時、大天使長ミカエルが立つ。／彼はお前の民の子らを守護する。／その時まで、苦難が続く／国が始まって以来、かつてなかったほどの苦難が。／しかし、その時には救われるであろう／お前の民、あの書に記された人々は。／多くの者が地の塵の中の眠りから目覚める。／ある者は永遠の生命に入り／ある者は永久に続く恥と憎悪の的となる。／目覚めた人々は大空の光のように輝き／多くの者の救いとなった人々は／とこしえに星と輝く。（ダニエル書12・1〜3）

この箇所では地獄の描写は「恥と憎悪」どまりですし、よく見れば、「天国で」「地獄で」という言葉も使われていません。ダニエル書よりも後、紀元前一〜二世紀に書かれ、よく読まれていたとされるエノク書（後に偽典に分類される）には、業火に焼かれ苦しまねばならない地獄の様子がはっきりと描かれています。

ユダヤ教のもともとの救済観からしますと、この新しい信仰は目的に合っていないように見えます。というのも、ユダヤ人がカナンで繁栄するためには、メシアが他の強国を打ち負かし、民族を救ってくれれば事足りるはずです。死者の復活、一人一人の裁き、そして天国・地獄は不要です。なぜユダヤ教の終末思想はこれらの要素を含むようになったのでしょうか。

これについては、終末思想はゾロアスター教が元祖であり、ユダヤ教は（そして続くキリスト教も）それをそのまま受容したのだという説明がなされることがあります。ゾロアスター教はペルシャ（イラン）で発達した宗教ですが、その思想にユダヤ人は捕囚先のバビロニアで感化されたのだという説です。確かに、世界の終わり・死者の復活・最後の審判・天国と地獄の信仰はみなゾロアスター教にすでにあったものです。しかし、異教の影響に還元するだけでは説明として十分ではありません。当時のユダヤ教にとって必要でないものは、いくら異国で盛んな思想だったとはいえ、受け入れにくかっただろうからです。

それではユダヤ教にとっての必要性とはなんだったのでしょうか。バビロン捕囚期に起きた大きな変化としてわかっていることは、ユダヤ教の立て直しが行われたということです。すなわち、ユダヤ人一人一人が意識的にユダヤ教を守らない限り、ユダヤ教が弱体化する状況に追い込まれたため、安息日、割礼、食事の規定などのユダヤ教らしい戒律の遵守が徹底されたのです。また、エルサレム神殿が破壊されたので、信者が組織する礼拝の共同体（のちにシナゴーグとなるもの）が生まれました。それまではバラバラだった聖書が編纂されだしたのもこの時期です。

同時に、ユダヤ人は捕囚の原因は自分たちが堕落していたためだと受け取りました。神が力不足で救ってくれなかったのではなく、自分たちの信仰が足りなかったため、神が罰を下したのだと、少なくとも預言者たちはそう解釈し、ユダヤ人に伝えました。この解釈も、よ

ゾロアスター教の天国・地獄信仰

ゾロアスターを開祖とする古代イランの宗教，ゾロアスター教には，早くから天国・地獄の観念や終末思想が存在したとされています．

基本的思想は，世界は善神と悪神の戦いを軸に展開しているというものです．人間は自分の意志で，よいことをして善神側につくか，悪いことをして悪神側につくことができます．この場合の善悪とは広い意味（もとの言葉は「真実」と「虚偽(嘘)」)であり，秩序と混沌(カオス)の対立も含みます．たとえば，物はそのままにしておいても老朽化し，それによって秩序を乱すため，それを防ぐ人間の対応もよい行いになるのです．遺体が大地を穢さぬようにと鳥葬が行われたほどです．光と闇の対比にも重なるため，火が神聖視されました．

そのような善行を多くなした者は死後天国に，悪行を多くなした者は地獄に行きます．地獄の穴の上には細い橋があり，死者が一人一人そこを通るときに裁きが下されます．すなわち，悪人は橋から下に落ちるのです．

やがて世界は終わりを迎え，善神が悪神を打ち負かします．それとともに，地獄に落ちていた人々も浄化され，最後にはすべての人の魂が，神の国で永遠の生命を得ます．

ゾロアスター教は，開祖の生存年代をはじめ(紀元前1000年頃とも600年頃とも)，未だ解明されていないことが多い宗教です．とくにユダヤ，キリスト，イスラムの唯一神教との力関係により，ゾロアスター教の中の一神教的要素をどうとらえるかをめぐって解釈史が複雑なものになっています．

り信仰を強め、戒律（律法）を守る方向にユダヤ人を突き動かしました。それまでは救いのゴールにたどり着けるかどうか＝ユダヤ民族が繁栄するかどうかは、いわば連帯責任の発想でした。つまり、一部に律法を守らないユダヤ人がいても、残りのユダヤ人がまじめであれば、民族全体としては救われるはずだったのです。しかし、捕囚期にユダヤ教の信仰とアイデンティティが個人化することにより、一人一人がみな責任を負うという考えに変わっていきます。また、同じユダヤ人といっても、捕囚という罰の原因になるほど堕落した人たちと、善人が同じように救われるというのも理不尽なので、神は最後に一人一人を裁くという思想が納得のいくものとなっていきました。

ここに至って、個人単位で救いを考えるキリスト教のもととなる思想が形成されていったのです。この思想は、もともとの民族単位での救済観と緊張関係にありました。すなわち、終末で滅びるのは異教徒なのか、それともユダヤ人でも悪人は滅びるのか、逆にいえば、救われるのはユダヤ人のみなのか、それとも異教徒でも善人は救われるのかという問題です。このジレンマはそのままキリスト教に持ちこされていきました。

現在のユダヤ教における天国・地獄信仰

旧約聖書(「旧約」というのはキリスト教による呼称ですので，ユダヤ教の場合は単に聖書，ないしトーラーといいます)には，天国と地獄の対概念は存在しないと述べました．それでは，その後のユダヤ教ではどうなったのでしょうか．

アメリカ・ニューヨーク生まれで，メディアでも積極的に活動しているイスラエル在住のラビ(ユダヤ教の教師．聖職者に代わる存在)，S・シモンズの回答を見てみましょう．シモンズ師が属すのは「正統派」ですので，近代以前からのユダヤ教の信仰を引き継いでいる部分が多いと考えられます．

シモンズ師は，トーラーには人間が死後どうなるかについて明確には書かれていないこと，その理由は，人間はこの世でなすべき課題に集中すべきだったからということを断りつつも，天国と地獄の存在をはっきり肯定しています．それによれば，

> 死後，人間の魂は，生前の行いについて自ら反省することを求められる．自分がなした善行・悪行のすべてが皆の前で映し出される．どうすべきだったのかを考えることを通して，魂は浄化され，天国に行く準備ができる．
>
> 極悪非道の限りを尽くした一部の人間は，永遠の罰を受ける．たとえばファラオ(ユダヤ人を隷属化した古代エジプトの王)はその一人である．
>
> 天国では，神の近くにいることができるという最高の喜びが待っている．多くの善行を積んだ者は神に近い場所に，それほどではない者は少し離れた場所に割り振られる．ただし，生前，トーラーを勉強せず，食べることや遊ぶことばかりに興味をもっていた者は，たとえ神に近い場所に行くことができても，永遠に退屈な思いをすることだろう．

と述べています．

きます。

新約聖書における天国・地獄観

さて、新約聖書になりますと、次のように核となる福音書の中に天国と地獄の記述が出てきます。

するとと、弟子たちがそばに寄って来て、「畑の毒麦のたとえを説明してください」と言った。イエスはお答えになった。「良い種を蒔く者は人の子、畑は世界、良い種は御国の子ら、毒麦は悪い者の子らである。毒麦を蒔いた敵は悪魔、刈り入れは世の終わりのことで、刈り入れる者は天使たちである。だから、毒麦が集められて火で焼かれるように、世の終わりにもそうなるのだ。人の子は天使たちを遣わし、つまずきとなるものすべてと不法を行う者どもを自分の国から集めさせ、燃え盛る炉の中に投げ込ませるのである。彼らは、そこで泣きわめいて歯ぎしりするだろう。そのとき、正しい人々はその父の国で太陽のように輝く。耳のある者は聞きなさい。」（マタイによる福音書13・36〜43）

ここでは地獄と業火がはっきりと結びつけられています。現在の日本では、キリスト教というと「明るい愛の宗教」というイメージが強いので（高校「倫理」の教科書でも「愛」はキリスト教の最重要キーワードの一つ）、イエスが世の終わりを説いていたこのようなフレーズは奇妙にみえるかもしれませんが、終末思想は初期のキリスト教にとって中心的なものでした。

この箇所には「地獄」という言葉はありませんが、「兄弟に『ばか』と言う者は、最高法院に引き渡され、『愚か者』と言う者は、火の地獄に投げ込まれる」（マタイによる福音書5・22）「蛇よ、蝮の子らよ、どうしてあなたたちは地獄の罰を免れることができようか」（同23・33）「もし片方の手があなたをつまずかせるなら、切り捨ててしまいなさい。両手がそろったまま地獄の消えない火の中に落ちるよりは、片手になっても命にあずかる方がよい」（マルコによる福音書9・43）というように、他の箇所では、悪人が罰を受けるところを「地獄」と明記しています。

これらの箇所で「地獄」の訳語があてられているのは「ゲヘナ」というギリシャ語（新約聖書が書かれた言葉）です。これはヘブライ語（旧約聖書が書かれた言葉）由来の言葉で、旧約聖書では「ゲヘナ」は他界ではなく、現実世界の特定の地名を指していました。それは、「ベンヒンノム（ヒンノムの息子）の谷」というエルサレムの南方にある谷です。そこは、バアルやモロクといった神を信奉する異教徒が、子どもをいけにえとして焼いた場所だと伝えられ（歴代誌下28・3など）、ユダヤ人はそこで罪人の死体を焼いたとされています。さらにはゴミ焼却場のようにもなり、悪臭と火が絶えなかったので、この地名が地獄の呼び名になっていったのです。

次もイエスのたとえ話のひとつですが、こちらには終末が来る前でも、人間は死ねば即座に天国か地獄に行き、地獄では火に焼かれると記されています。

ある金持ちがいた。いつも紫の衣や柔らかい麻布を着て、毎日ぜいたくに遊び暮らしていた。この金持ちの門前に、ラザロというできものだらけの貧しい人が横たわり、その食卓から落ちる物で腹を満たしたいものだと思っていた。犬もやって来ては、そのできものをなめた。やがて、この貧しい人は死んで、天使たちによって宴席にいるアブラハムのすぐそばに連れて行かれた。金持ちも死んで葬られた。そして、金持ちは陰府でさいなまれながら目を上げると、宴席でアブラハムとそのすぐそばにいるラザロとが、はるかかなたに見えた。そこで、大声で言った。「父アブラハムよ、わたしを憐れんでください。ラザロをよこして、指先を水に浸し、わたしの舌を冷やさせてください。わたしはこの炎の中でもだえ苦しんでいます。」しかし、アブラハムは言った。「子よ、思い出してみるがよい。お前は生きている間に良いものをもらっていたが、ラザロは反対に悪いものをもらっていた。今は、ここで彼は慰められ、お前はもだえ苦しむのだ。そればかりか、わたしたちとお前たちの間には大きな淵があって、ここからお前たちの方へ渡ろうとしてもできないし、そこからわたしたちの方に越えて来ることもできない。」（ルカによる福音書16・19〜26）（カラー口絵4）

「宴席にいるアブラハムのすぐそば」というフレーズは、原語では「アブラハムの胸」です。この言葉については、アブラハムというユダヤ人の祖にあたる人の胸に抱かれ、ちょうど母の胸に抱かれる子どものように安らかにしていることだとそのまま受け取る解釈と、当時の語法ではこれは比喩的表現であり、アブラハムが開いた宴席に招かれるという意味だとする解釈があります。引用した新共同訳では後者を採用しています。毎日贅沢な食事をしていた富者と貧者の立場逆転が、後者の解釈によってより際立っています。この「天国では宴会をする」という説については後述します。

よく見ますと、この引用で使われているのは「地獄」ではなく「陰府《よみ》」という言葉です。「陰府」はギリシャ語では「ハデス」であり、新訳聖書の中で「地獄」と訳されている言葉は「ゲヘナ」です。ハデスはギリシャ神話で冥界を指すのにも使われた言葉でした。その場合は善人・悪人を問わず死者すべてが赴くところで、ユダヤ教のシェオールに近い概念でした。このため、新約聖書の中の「ハデス」も単に死者の行く先を表すのであり、悪人が罰せられる地獄とは異なるのだ、後者を表すのは「ゲヘナ」だという説があります。そのような説の根拠のひとつは、イエスは十字架につけられ死を迎えた後に、「陰府に下った」とされているということです（使徒言行録2・27～31、使徒信条）。その三日後に復活するとはいえ、イエスが地獄に行くというのはおかしいので、陰府は地獄のことではないというわけです。

しかし、二番目の引用には、陰府は悪人が火で苛《さいな》まれるところと明記されています。このため、「イエスは地獄に行ったのだ、しかし地獄に落ちたのではなく、そこに落ちている人々を救うため、悪魔と戦いに行ったのだ」という説も後に登場します。あるいは、終末のときに悪人が行くのがゲヘナ、死んですぐ行くのはハデスで、そこは過渡的な場所である、引用中の「アブラハムの胸」も天国のことではなく、善人が死んでから終末まで一時的に過ごす場所のことであるといったさまざまな解釈が出されていきました。

そのように解釈が割れるということは、聖書には、人は死んだらどうなるのか、さらに終末ではどうなるのかが筋道立っては説かれていないということです。聖書が書かれたときには、これらの観念はなお漠然としていたのです。地獄内部の様子についても、上記以上に詳しく書かれているわけではありません。

天国の様子はさらにはっきりしません。イエスがたとえ話によって天国に言及していると

カラー口絵 1

「至福の幻視」としての天国を描いた，15 世紀の装飾写本『ベリー公のいとも豪華なる時禱書』の挿絵．中央部分の人々の顔部分が丸く黄色い円状になっていますが，これは光輪を裏から見たところです．天国に行った人は頭の背後に光の輪がつくという信仰が中世にはあったのです．神を仰いでいるため，この絵を見る人に対しては背を向けているわけです．（コンデ美術館所蔵）

カラー口絵 2
「楽園」ヤン・ブリューゲル(子)(17 世紀).「エデンの園」的天国の例. 緑と水が豊富で自然の動物たちがいるのが特徴的です.(ベルリン美術館所蔵)

カラー口絵 3

黄金と宝石の城としての天国.「東に 3 つの門, 北に 3 つの門, 南に 3 つの門, 西に 3 つの門があった」とある, ヨハネの黙示録に対する 11 世紀の注釈書から(原本は 9 世紀スペインのもの). 終末待望を反映しています. (スペイン国立図書館所蔵)

カラー口絵 4
聖書のラザロの話を描いた，11 世紀のアウレウス写本．中段右の男性がアブラハム．その胸に抱かれた赤子として天国のラザロが描かれています．物語は上段左から始まります．生前は豪勢に暮らしていた富者（上段左）は死後地獄に（下段），貧しかったラザロ（上段右）は死後天国に（中段），という話です．（ニュルンベルク国立博物館所蔵）

カラー口絵 5
12 世紀アルザス地方の装飾本(百科全書)に描かれた地獄(復元版). (GDK 提供)

カラー口絵 6
イタリア・ルネサンス期の画家, フラ・アンジェリコが描いた「最後の審判」(15 世紀)の天国の部分. 地獄は本文 68 頁.
(サン・マルコ美術館所蔵)

カラー口絵 7
装飾写本『ベリー公のいとも豪華なる時禱書』(15 世紀)の地獄の挿絵．時禱書とは，個人的な勤行のために書かれた祈禱書(1 日 8 回の定時の祈禱文や特別な機会の祈禱文がまとめられている)．中央の台(炉)に横たわっているのは魔王．炉であぶった人間を食べ，食べ過ぎてゲップをしているところです．左右の悪魔が乗っているものは炉の火をおこすためのふいご．手前で悪魔に拷問を受けている人のなかには聖職者がいるのがみえます．(コンデ美術館所蔵)

カラー口絵 8
装飾写本『ベリー公のいとも豪華なる時禱書』の煉獄の挿絵．中央の赤い川は，死者の魂を浄化する火の川．浄化が完了した魂は，1つずつ天使が天国へと引きあげます．その後ろの氷の川にいる人々のなかには司祭，司教の姿も．（コンデ美術館所蔵）

カラー口絵 9
ボッティッチェリが描いた『神曲』地獄の階層構造図(15世紀). 各層と地獄の種類の対応については本文74頁参照. (バチカン図書館所蔵)

カラー口絵 10
イタリアの画家プリアモ・ケルシアが描いた『神曲』コキュートス(地獄の最下層)の魔王(15世紀). 三頭の魔王が2体描かれていますが, 2人いるのではなく, 物語2コマ分が1枚の絵にこめられているのです. (大英博物館所蔵)

ころは福音書の中でもよく知られている箇所ですが、内部の状況をたとえているのではないのです。「天の国はパン種に似ている。女がこれを取って三サトンの粉に混ぜると、やがて全体が膨れる」「天の国は次のようにたとえられる。畑に宝が隠されている。見つけた人は、そのまま隠しておき、喜びながら帰り、持ち物をすっかり売り払って、その畑を買う」(マタイによる福音書13・33、44)という調子に、なににも増して価値がある、すばらしいものが暗示されているにすぎません。

意外かもしれませんが、天国という言葉(新共同訳では「天の国」。英語ではkingdom of heavenかheaven)が現れるのは、新約聖書の中ではマタイによる福音書とヨハネの黙示録のみです。他の部分では同義の言葉として「神の国」という言葉が使われていますが、この「神の国」についても上記以上に詳しい内部描写はありません。同じく、「パラダイス」という言葉も新約聖書には使われています。この言葉は、もとは「囲われた場所」「庭園」という意味のペルシャ語で、ペルシャ王の大遊園を指していました。聖書では天国と同じ意味に使われ、それ以降、今日に至るまでパラダイス=天国という用法が続いています。しかしこの言葉の使用も聖書では三カ所だけですし、やはり内部の情景描写はありません。

唯一の例外が聖書の最後にある、ヨハネの黙示録です。これは終末が訪れるさまをヨハネ(この人物が何者であるかは不明)が幻視したとして、その内容を象徴的に表現したものです。

ハルマゲドン(世界最終戦争)、アンチ・キリスト(反キリスト、終末に現れる悪魔)といった言葉を聞いたことがある人は少なくないでしょうが、それらはこの黙示録に予言されているのです。現在のキリスト教の主流派は、この解釈が難しいため、また近い将来、世界が実際に戦争や天変地異によって破滅することはありえないと考えるため、黙示録を避けることが多いようです。今の感覚では、聖書には似つかわしくない危険で怪しげな部分というわけです。

しかし、なにしろ聖書の他の部分での天国・地獄の描写があまりに淡泊なので、キリスト教史の中で天国・地獄が語られ、図絵に描かれるときには、この黙示録が参照されることが少なくありませんでした。それでは、黙示録によれば天国・地獄とはどのようなところなのでしょうか。

最後の審判を経て登場する天国は、「新しいエルサレム」「神の都」と呼ばれています。これは終末により現在の世界(地のみならず天も含めた、神の最初の創造物)が消滅した後に現れます。「神のもとから出て天から下って来る」と表現されているため、一見天国とは別物のようですが、これが永遠の生命を与えられた人たちが暮らすところです。少し長いですが、その描写全部を引用します。

都は神の栄光に輝いていた。その輝きは、最高の宝石のようであり、透き通った碧玉のようであった。都には、高い大きな城壁と十二の門があり、それらの門には十二人の天使がいて、名が刻みつけてあった。イスラェルの子らの十二部族の名であった。東に三つの門、北に三つの門、南に三つの門、西に三つの門があった。都の城壁には十二の土台があって、それには小羊の十二使徒の十二の名が刻みつけてあった。（ヨハネの黙示録21・11～14）（カラー口絵3）

都の城壁は碧玉で築かれ、都は透き通ったガラスのような純金であった。都の城壁の土台石は、あらゆる宝石で飾られていた。第一の土台石は碧玉、第二はサファイア、第三はめのう、第四はエメラルド、第五は赤縞めのう、第六は赤めのう、第七はかんらん石、第八は緑柱石、第九は黄玉、第十はひすい、第十一は青玉、第十二は紫水晶であった。また、十二の門は十二の真珠であって、どの門もそれぞれ一個の真珠でできていた。都の大通りは、透き通ったガラスのような純金であった。／わたしは、都の中に神殿を見なかった。全能者である神、主と小羊［筆者注：キリスト］とが都の神殿だからである。この都には、それを照らす太陽も月も、必要でない。神の栄光が都を照らしており、小羊が都の明かりだからである。諸国の民は、都の光の中を歩き、地上の王たちは、自分たちの栄光を携えて、都に来る。都の門は、一日中決して閉ざされない。そこには夜がないからである。人々は、諸国の民の栄光と誉れとを携えて都に来る。しかし、汚れた者、忌まわしいことと偽りを行う者はだれ一人、決して都に入れない。小羊の命の書に名が書いてある者だけが入れる。（同21・18〜27）

天使はまた、神と小羊の玉座から流れ出て、水晶のように輝く命の水の川をわたしに見せた。川は、都の大通りの中央を流れ、その両岸には命の木があって、年に十二回実を結び、毎月実をみのらせる。そして、その木の葉は諸国の民の病を治す。もはや、呪われるものは何一つない。神と小羊の玉座が都にあって、神の僕たちは神を礼拝し、御顔を仰ぎ見る。彼らの額には、神の名が記されている。もはや、夜はなく、ともし火の光も太陽の光も要らない。神である主が僕たちを照らし、彼らは世々限りなく統治するからである。（同22・1〜5）

一言でいえば、金と宝石と光に満ちた超豪華版の城塞都市です。人々は神とキリストとともに暮らしますが、ただしなにをするかについては、神を礼拝するということしか書かれていません。病気になれば命の木の葉で治すことができるとあります。天国で病気になるというのは不思議に見えるかもしれませんが、ここにいるのは「復活」した人々ですので、肉体をもっているのです。キリスト教（ユダヤ教・イスラムも含みますが）でいわれる「復活」と

10世紀スペインの装飾写本にある，ヨハネの黙示録の挿絵.「見よ，小羊がシオンの山に立っており，小羊と共に14万4千人の者たちがいて，その額には小羊の名と，小羊の父の名とが記されていた. ／彼らは，玉座の前，また4つの生き物と長老たちの前で，新しい歌のたぐいをうたった.」(ヨハネの黙示録 14.1,3)　(ピアポント・モルガン図書館蔵)

は体ごと蘇るということですので、霊魂だけになって天国にいるわけではないのです。つけ加えれば、この信仰のため、終末の復活の日まで身体が残るようにとキリスト教社会では土葬が行われてきました。

この「新しいエルサレム」の描写の前には、「玉座」の神について語る箇所が数カ所あり、そこには、それまでの天上の天国の情景も描かれています。神の玉座のまわりには二四の座席があり、長老たちがそこから神を讃え、さらには白い衣をまとった大勢の人間もやってきて神に仕えているとあります(53頁図)。

他方、地獄は、「火と硫黄の燃える池」とされています。最後の審判のときに、「小羊(キリスト)の命の書」に名前が記されていない者は、みなそこに投げ込まれるとあります。やはり復活して体があるわけですから、痛覚も〈本物〉です。黙示録ではまた、地獄と陰府が区別されています。最後の審判では陰府にいた死者が出てきて裁きを受け、天国か地獄に行き、最後には陰府自体も(擬人化されているので)地獄の火の池に投げ込まれるとされています。

カトリックにおける天国・地獄観の多様化

以上に見てきたように、聖書では、天国・地獄に関する情報はかなり限定されています。

このことによって、かえって後代のクリスチャンたちは、天国・地獄はどのようなところなのか、さまざまなイメージを膨らませることになりました。新約聖書が書かれたのは一〜二世紀の間ですが、そこから中世カトリックにかけてキリスト教の天国・地獄観がどのように展開したかを見ていきます。

天国のバリエーション

①宴会バージョン

ヨハネの黙示録を別とすれば、聖書の数少ない天国の描写の中で具体性があるのは、天国では宴会をするというものです。先の「アブラハムの胸」の引用以外では、

言っておくが、いつか、東や西から大勢の人が来て、天の国でアブラハム、イサク、ヤコブ［筆者注：旧約聖書に登場するユダヤ人の父祖たち。キリスト教徒にとっても偉大な先達］と共に宴会の席に着く。（マタイによる福音書8・11、ルカによる福音書13・29にも類似の表現）

という箇所があります。また最後の晩餐ではイエスが弟子たちに向かって、

はっきり言っておく。神の国で新たに飲むその日まで、ぶどうの実から作ったものを飲むことはもう決してあるまい。（マルコによる福音書14・25）

と述べたとされています。天国ではぶどう酒が飲めるということを暗示しています。

キリスト教の「救済」は、ユダヤ教とは異なり民族という単位ではなく、個人単位で最も幸せな状態に至ることを指します。天国は、その最も幸せな状態が実現された場ということになります。それが宴会として表現されているというのは、それは初期のキリスト教が第一の救済対象とした人々——貧しく恵まれない人々、さらにはローマ帝国下で迫害されるクリスチャンの同胞——が、切実に求めていたものだということでしょう。すなわち、ゆったりと座ってぞんぶんに飲み食いする幸せです。

この幸福願望は、そこだけとってみれば日本の民間信仰にも通じるものです。「浦島太郎」にせよ、「おむすびころりん」にせよ、昔話では、人間界ではない世界に入り込んだ主人公が、大宴会に招かれるというモチーフは多いものです。御馳走を腹いっぱい食べてくつろぐというのは農民・漁民の願望の反映なのでしょう。

そう考えてみれば、この宴会という素朴な天国のイメージには納得がいきます。聖書には天国を宴会、とくに婚礼の宴会になぞらえるイエスのたとえ話もありますが、当時のユダヤの庶民にとっても、宴会は日常生活の中で特別に歓迎されるものであったことがわかります。

②謁見《えっけん》バージョン（カラー口絵1）

ところが、宴会イメージは決して万人向けではなかったようです。現在の日本では、コンパや宴会を敬遠する若者が増えていると聞くことがありますが、大勢で飲み食いしてもたいして楽しくない、たまにならまだしも、それが永遠に続くなんて、という人は初期のキリスト教にもいたようです。また、物質的に満たされることを最高の幸福とするのは、どうも低俗で、キリスト教の教えとしてふさわしくないと思う人たちもいました。天国とはどのようなところなのかを突き詰めて考えようとした人たち、とくに学者（神学者や教父）たちはそうでした。

そのような学者たちは、天国で得られる最高の幸福とは神に出会えることだと説きました。キリスト教の神（ユダヤ・イスラムも同様ですが）は「隠れたる」超越神であり、現世の人間に対して姿を現すことはありません。神の顔を見た人はいませんし、神の像を作って拝むことも古代ユダヤ教以来禁止されていますから（偶像崇拝の禁止）、キリスト教徒は神がどのような姿なのか知らないことになっています。天国に行ってはじめて、人間は神を直接見ることができるわけです。キリスト教徒にとってそれにまさる幸福はないはずだ、いや、あってはならないはずだというのが学者たちから出された最も有力な説でした。キリスト教の神は「王」とも表現されますが、まさに高貴な主君に謁見《えっけん》を許されるという大変な光栄こそ最高の幸せ、というイメージです。

このことを神学用語では「至福の幻視」といいます。アウグスティヌス、トマス・アクィナスといった著名な神学者たちがこの説を確立しました。ひたすら神を見続け、讃辞を贈るというのは知的で精神的－霊的な幸福であり、また神を信仰する上では最も純粋な喜びであるということで、飲食といった自分にとっての肉体的快楽の対極に置かれたのです。ヨハネの黙示録に、二四人の長老や大勢の人間が神の前で神を讃え、神に仕えるというくだりがありましたが、それもひとつの根拠となりました。

さらに、死者の徳の高さに応じて、どこから神を眺めるかが決まるという説もありました。つまり、アブラハムやモーセといった旧約聖書の重要人物やイエスの弟子は神の近くに、次に聖者が並び、さらに信者たちが〈成績順〉に座るとされたのです。

この王への謁見モチーフの天国観は、中世カトリックでは最も権威があったものの、一般信者の受けとめ方はいまひとつだったといわれています。教義上は洗練されていても、どうにも退屈そうだったからです。永遠にじっとしているより、エキサイティングな地獄の方がよほどいいというひねくれた声もあったほどです。

③花園バージョン（カラー口絵2）

そこでもうひとつ現れたのが、終末の天国は、聖書の最初に描かれていたエデンの園が再現されたものであるという解釈です。最初の人間、アダムとイブが暮らしていたとされる地上の楽園、エデンの園は、中東の砂漠や荒野の中のオアシスのイメージです。ユダヤ・キリスト教の故郷パレスチナ〜アラビア半島では、オアシスの豊かな緑と水が生命の源を象徴していました。人間も裸体に戻り、花咲き乱れる園を自由に歩き、木から果実をもいで食べ、暮らすという解放的な楽園観です。キリスト教美術としては、植生の異なるヨーロッパに暮らす画家が描いたために、口絵のようにヨーロッパの森的なパラダイスが描かれるのが普通です。また他の天国イメージと異なり、自然の動物がいることも特徴的です。

キリスト教の展開と並行して、ユダヤ教でも、紀元後、タルムード（口伝律法）が編纂される頃には、天国にもエデンの園があるという信仰が生じました。地上のエデンの園とは別に、その原型となった園が天国にあり、善人は死後そこに行くことができるというものです。天国のエデンの園はいくつかに区切られていて、生前の行いによってより豪華なところに入ることができるという解釈が加わり、ユダヤ教でもさらに天国のイメージが詳細化していきました。

④黄金都市バージョン（61頁図、カラー口絵3）

都会に暮らす現代人の感覚では、自然あふれる花園としての天国は魅力的かもしれません。ところが、初期のキリスト教徒には、これを貧乏臭いと見る人たちもいたようです。そのような人たちは、ヨハネの黙示録に描かれた「新しいエルサレム」、宝石をちりばめた黄金の城塞都市のイメージを好みました。現在では、宗教とお金の結合＝堕落という図式が強いですし、金ピカというのは成金趣味的であり、超越的というより世俗的と感じる人もいるかもしれません。しかし、初期のキリスト教では必ずしもそうではなかったのです。

黙示録にはまた、この聖都の大きさを計測したという話が出てきます。それによれば、都は正方形で、一辺は約二四〇〇キロメートルです。これはだいたい本州と北海道を合わせたくらいの距離です。

この大きさは狭いか広いかをめぐっては、過去に論争がありました。それは、天国に行ける条件・行ける人数という問題と結びついているからです。現在ではこの数字は単に広いということの比喩的な表現であると解釈するクリスチャンが多くなっています。

「新しいエルサレム」としての天国．14世紀フランスのタペストリー「アンジェの黙示録」から．（アンジェ城所蔵）

⑤再会（交流）バージョン（63、64頁図）

これまでのところからは、キリスト教の天国にはどうも「情」がないと感じた人がいるかもしれません。天国では先に亡くなった家族や知人に会えるのだという話がないのです。

この観念はキリスト教に無縁だったわけではなく、初期の聖職者の中にも死後の家族との再会を願い、書き残した人たちはいます。しかし著名な絵画や彫刻で、天国で家族が再会して喜んでいる図というのはなかなかありません。人々が歓談したり抱擁し合ったりというシーンはあるのですが、血縁者間ではなく、聖人・天使・一般信者入り混じっての交流です。カップルはいても、親子連れはいないのです。楽しそうにはしていますが、なぜなのでしょうか。

これは祖先崇拝を行わないのと同じ理由です。すなわち、親子間の情愛よりも、個人の神に対する愛の方を優先すべきであるという考えからくるのです。とくに古代ローマの哲学者キケロの著名な『大カトー――または老年について』に、死後の家族との再会というテーマが鮮明に出ていたので、そのような異教とキリスト教を差異化するためにも、家族に会うために天国に行くのではないとキリスト教の指導者は厳しくいわざるをえなかったのです。

とはいえ、一般信者を失望させぬよう、家族とは会えないとか会ってはいけないとまでいうことはなかったようです。そうしますと、気になってくるのは、天国では人は何歳になるのかです。自分の親は天国では老人なのか子どもなのかという問題です。

これについては、神学者たちの多くは明快な答えを出しました。約三三歳というのです。この数字の根拠は、イエスが蘇ったときの年齢だからということです。そして天国では永遠にその年齢のまま、いいかえれば老衰しない完全な肉体（「栄光の身体」）となるのだということが信じられていました。

確かに天国を描いた絵画や彫刻には、子ども姿の天使はいても、人間の子どもたちは見当たりません。ただし、これには例外があります。先述の「アブラハムの胸」をそのとおりに解釈する場合は、天国でアブラハムに抱かれた死者はしばしば幼児の姿で描かれています。ちょうど母親に抱かれた赤子のスタイルです（カラー口絵4）。

パリ・ノートルダム大聖堂の「最後の審判」を表す彫刻．中段中央には善悪の行いを計る天秤が彫られています．悪魔が片方の皿を無理やり引き下げ，地獄に連れていこうとしています(下右)．中段左側は天国に行けることになった人たちですが，よく見ると手を握り合うカップルがいるのがわかります(下左)．(撮影・若月伸一)

人々が語り合う，交流をモチーフとする天国．15 世紀イタリア・初期ルネサンス期の画家，ジョヴァンニ・ディ・パオロの「楽園」．（メトロポリタン美術館所蔵）

聖ペテロの「天国ジョーク」

ある神父とタクシー運転手がほぼ同時に死に，天国にやってきた．天国の門では聖ペテロが待ち受けていた．

「こちらにどうぞ」と聖ペテロは運転手にいい，彼を豪邸に連れていった．その豪邸には，ボウリング場からオリンピック級の広さのプールまで，あらゆる豪華な設備がついていた．運転手は大喜びした．

次に，聖ペテロは神父をあばら家に連れていった．そこにはへこんだベッドと小さな TV があるだけだった．

「すみませんが」と神父は聖ペテロに言った．「なにかお間違えではないでしょうか．私の方が豪邸に行くはずだったのでは．なんといっても，私は神父ですよ．毎日教会に行き，神の言葉を説教していたのですが」．

「それはそうですね．でもあなたが説教をすると，みな寝てしまっていましたよ．あの運転手が運転すると，みな神に真剣に祈っていましたが」．

天国の鍵を持つ聖ペテロ．ステンドグラスに描かれた 16 世紀の作品．
（フランス・クリュニー中世美術館所蔵
JASTROW 提供）

⑥その他のバージョン

さて、すでに五つのバージョンの天国が出てきましたが、こうなってきますと、いっそ「全部あり」にすれば最高の天国になると思う人も出てきたようです。ルネサンス期には画風も自由になり、カラー口絵6のような天国も描かれるようになりました。神に対する「至福の幻視」を中央に、向かって右に地獄、左に天国を配しています(聖書の記述では左側に地獄行きの人々、右側に天国行きの人々が並ぶとありますが、これは神側から見ているからです)。左手奥には「新しいエルサレム」の城壁が見え、その前に庭園が広がっています。人々は飲み食いまではしていないものの、天使も交えて輪になり楽しくダンスをしています。その右前には抱擁し合う二人の姿もあります。知識なしに見るならば、なんだかゴチャゴチャとした絵だなと思ってしまいますが、五つの天国イメージを詰め込んだ結果なのです。

以上が初期から中世にかけてのキリスト教における天国イメージの主なものです。他にも、やや官能的なまでの肉体的満足を得られる天国の例があると思えば、知的欲求を満たすために学問を究めることができる天国の例もあります。前者は、一六世紀初頭の『パラダイスの感覚的快楽に関する心地よい解釈』で、C・マッフェイという修道士による書とされていますが、接吻をはじめとする男女間の快楽について語っています。後者は、「学問」といっても神の叡智に関する知識を得るものに限られているのですが、学者の発想ならではの天国でしょう。

他にカトリックの、どちらかといえば民間の天国信仰でよく知られているのは、死者の魂を天国に連れていくのは大天使ミカエルであることや、天国の門の番人は聖ペテロであることと（イエスが弟子のペテロに「天国の鍵」を渡したと述べたと聖書に書かれていることに由来）です。

フラ・アンジェリコ「最後の審判」(15世紀)の地獄の部分．魔王(最下層)が鬼の姿で描かれています．天国部分はカラー口絵6に掲載．

地獄の詳細化

天国イメージは、人間にとってなにが最も幸せか、あるいはなにを最も幸せとすべきかによって多様化していました。これに比べて、人間にとってなにが最も苦痛かはそれほど人により差はありません。身を切られ、焼かれる苦痛からは誰でも本能的に逃げようとするでしょう。よって燃え盛る火と悪魔による身体的拷問のモチーフは、初期から中世のキリスト教のどの地獄観でも基調になっています（カラー口絵5、67頁図）。

それでも神学上は、天国に関して物質的幸福観と精神的－霊的幸福観があったように、地獄の苦痛も二種あるのだという見解が出され定着しました。これを「感覚の苦痛」と「喪失の苦痛」といいます。前者は身体的な苦痛のことです。後者は、神に見放されたことの心理的苦しみを指します。神の恵みという最高の幸福を失ったことによる極度の虚無感に苦悶するというものです。

学問的論争が起きたのは、地獄での苦痛はどのようなものか、いいかえれば地獄ではなにが待っているのかという点よりも、誰が地獄に行くのか、いつ行くのか、苦痛は永遠に続くのか、一度行けばもう戻ってこられないのかといった点をめぐってでした。

①煉獄《れんごく》・辺獄《へんごく》

「いつ行くのか」が問題になったのは、死んだらすぐに天国か地獄に行くのか、それとも終末になり、最後の審判を受けてはじめて天国か地獄に行くのかが聖書では不明だったためです。終末に分かれるというのは絶対ですが(マタイによる福音書25・31〜46など)、その前にも天国・地獄は存在しており、そこに死後直行しているのだという説が根拠とするのは、前掲のラザロの話などです。

死後すぐに行くところとして教父たちによって教理化され、中世に台頭したのは「煉獄《れんごく》」の思想でした。これは、罪を犯してはいるが、地獄に行くほどの大罪ではない場合に、一定期間いなくてはならない中間的な場所です。ここで罪を償えば、魂が浄化され、天国に行けるようになると信じられるようになりました。

そのためには、本人が煉獄で努力することは当然ですが、生きている家族が手助けすることもできるとされました。まず、死者のために祈ることによって。とくに聖母マリアのとりなしがあると、煉獄にいなくてはならない時間が短縮されるといわれたため、ロザリオの祈りなどの祈りを捧げることが習慣化しました。死者のために聖体を奉納したり、貧者に施しを与えたり、断食をしたりといったことも効果があるとされました。贖宥状(免罪符)を買うこともよいとされたのですが、これを後にマルティン・ルターが批判したのが、宗教改革の発端となりました（贖宥状は自分用に買うことも、死んだ親族のために複数買うこともできました）。

なお、日本でもおなじみになりつつあるハロウィーンはこの煉獄信仰に関係があります。一一月二日の万霊節は、煉獄にいる霊魂がこの世に戻る日とされました。ハロウィーンはその前々日の夜です（この言葉は中世には使われませんでしたが）。この祭りは、キリスト教以前の民間信仰における、死者儀礼の名残であるといわれています。

煉獄のほかに、辺獄《へんごく》（リンボ）という概念も登場しました。これは天国と煉獄の中間にあるものです。辺獄は、罪は犯していないが、洗礼を受けていないので天国には行けない人たちがいるところとされました。そのひとつは受洗前に亡くなってしまった幼児たちです。キリスト教には原罪の思想があるため、自らは罪を犯していない幼児であっても、生まれながらの原罪のために天国に行くことはできないからです。他には、異教徒でも徳の高い人々、とくにイエスが十字架にかけられる以前に亡くなった異教徒がここにいるとされました。つまり、キリスト教が成立する前の時代の人々は、改宗するにもできなかったわけですから、例外なのです。辺獄にいる人々は罰を受けることはなく、むしろ天国にいる人々のように安息を得ることができました。天国との違いは神に出会う機会はないということ、その最高の喜びとは無縁であることとされました。

キリストの冥府降下を描いたフレスコ画．キリストがアダムとイブを天国に引きあげようとしているところ．（イスタンブール・コーラ教会所蔵）

このバリエーションとして、旧約聖書に現れるユダヤ人のよきリーダーたちや預言者は、同じくイエスを知らずに亡くなったので、この辺獄に行ったのだという説もあります。前節で、イエスが十字架上の死から三日後に復活する間に一度地下に降りたとする信仰に触れました。その説明として、イエスはそうした古代イスラエルの長老たちを救いに辺獄に行ったのだという解釈も生まれました。上図は、イエスがまずはアダムとイブを天国に引きあげようとしているところで、両側には長老たちが列を作って待っています。

②「永遠の苦悶」は存在しない地獄

煉獄や辺獄は終末の到来により最後には消滅するが、地獄は天国とともに永遠であり、そこで罰を受け続ける人もいるというのが中世カトリックの一般的な考え方でした。これに対して、地獄に行った者も、しばらく経てば救われると考えた人たちもいました。その少数派の代表が初期の教父、オリゲネスです。彼がそう考えたのは、神の愛はあまりに大きいので最も頑《かたく》な人間でも心を閉ざしたままでい続けることはない、人間は神の似姿なのだから神を忘却しきることはできないという理由からでした。彼は悪魔(堕天使)までもが、どれほど時間がかかろうとも最後には神のもとに還るとしました。

他方、「霊魂消滅」という説も早くからひとつの考え方としてあったようです。これは、悪人は地獄に行っても罰を受けるのではなく、その魂が消滅して跡形もなくなるだけであるとする説です。この説も、いくら罪を犯したといっても、人間を永遠に苦しめるような残酷なことを神がするはずがないという考え方からきています。また、地獄で永遠の責め苦を受けるということは、霊魂が生きているということを前提としますが、消滅説をとる人たちは、不死の霊魂は天国行きが決まった人だけに神が新たに与えるのであり、地獄で人間が存在しているというのはおかしいともいいます。

③地獄のビジョン

地獄ではなにが待っているのかという地獄の中身を詳細に表現したのは、神学論争よりも

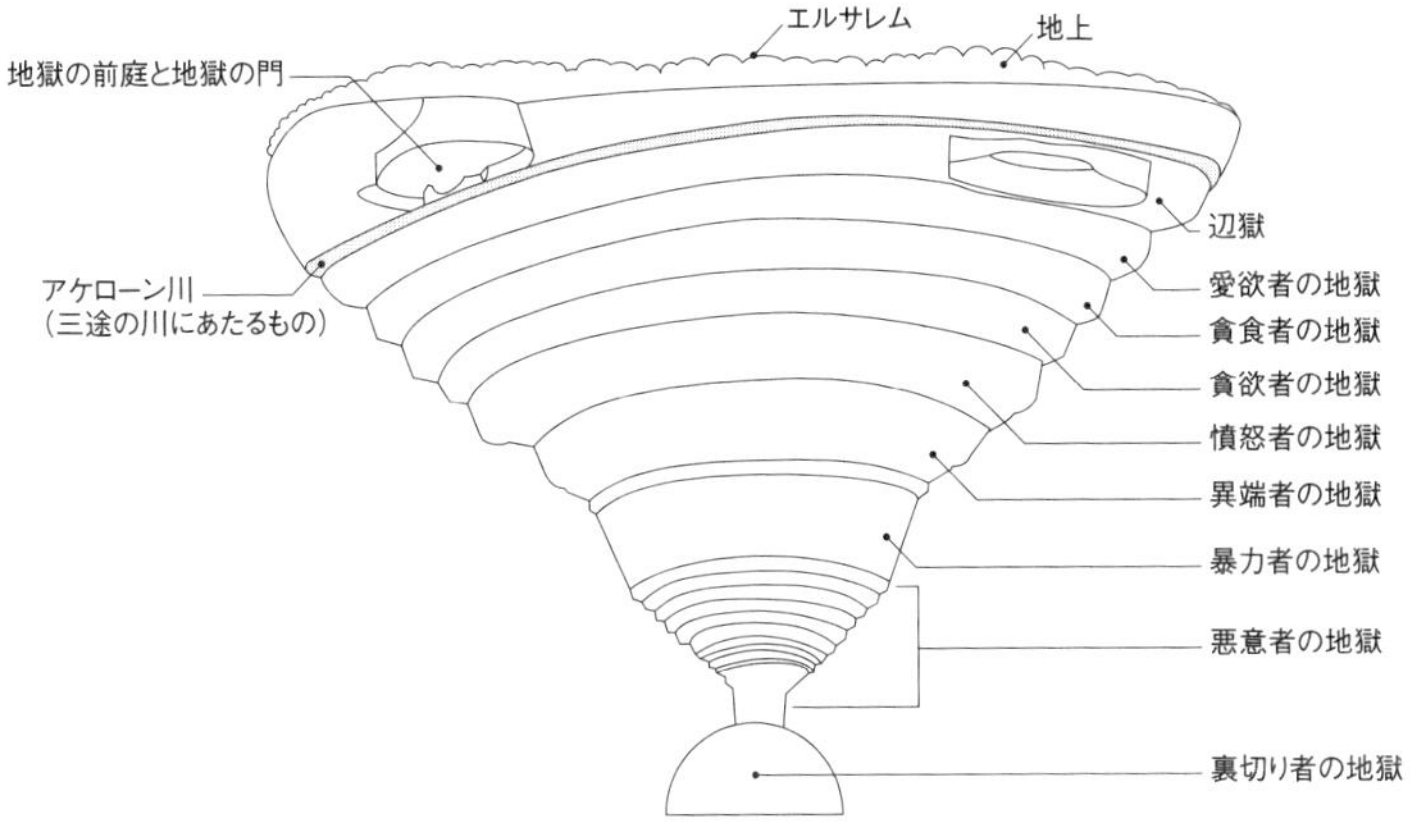

『神曲』による地獄の階層構造図．（カラー口絵９のボッティチェリによる作品に基づく）

文学・芸術でした。地獄を描いた中世の文学・芸術の多くは、幻視体験をもとにしていたといわれています。魂が体を抜け出し、あの世に行って戻ってきたという、現代的にいえば臨死体験です。天国の幻視もあります。先に見てきたようなさまざまな天国の姿は、ただ「学者が考えた末、こうだろうと言った」としても、説得力は十分ではありません。「人間がそう考えただけじゃないか」という疑念が出てきて当然です。当時の多くの人たちが、確かに天国とはそういう楽園なのだろうと信じたのは、理屈ではなく、〈目撃情報〉があったからでした。地獄に関しても同じです。しかも、幻視は天国より地獄の場合の方が多く、息を吹き返して、「怖かった、ああならないよう心を入れかえよう」と悔い改めるというオチがついて、体験談となって広がっていました。

その集大成が一四世紀に書かれたダンテの詩編『神曲』でした。さまざまな幻視文学を下敷きに、ダンテは自分が

ギュスターヴ・ドレが描いた『神曲』煉獄の第１冠（19世紀）．（SAILKO提供）

地獄－煉獄－天国の三界をウェルギリウスに案内されて遍歴するという設定でこの大作を書きました。ウェルギリウスとは古代ローマの詩人で、イエスよりも前の時代の人であるため、天国には行けず辺獄にいたのです。

『神曲』の地獄篇に描かれた地獄は九層からなり、死者は罪の量によって分けられるとされています。図のように漏斗状なのは、最も重い罪を犯した人たち＝最も数が少ない人たちの地獄が最下層で、そこから上に向かって順に罪の重さが減るためです。最上層は辺獄ですが、そこから下は、愛欲、貪食、貪欲、憤怒、異端、暴力、悪意（悪意をもって盗みなどを行ったこと）、裏切りの八層に分けられています。裏切りが最悪の罪なのは、ダンテ個人の体験に由来している部分が大きいといわれています（カラー口絵９）。

「コキュートス」とも呼ばれる最下層の中でも底にあたるところの中央には、魔王（サタン、ルチフェル［ルシファー］）がいます。赤、黒、黄の三つの顔をもち、それぞれの口はイエス

ロダンの「地獄の門」. 上段中央に「考える人」が. (ロダン美術館所蔵)

を裏切ったユダ、カエサルを裏切ったブルータス（ブルトゥス）、カッシウスをかみ砕いています。図で全体の色が青いのは、この最下層に限っては火ではなく氷で覆われているためです（カラー口絵10）。

ダンテはそこから地獄を抜けて煉獄に移ります。地獄は地下ですが、煉獄は山で、麓から出発し、頂上から天国に昇るという構図です。煉獄は七段階に分けられており、七つの大罪と呼ばれる、高慢、嫉妬、憤怒、怠惰、貪欲、貪食、愛欲に対応しています。罪の名前が一部地獄と重なっていますが、地獄ではそれらの罪のために永遠の罰を受けるのに対し、煉獄ではそれらの罪を浄化することができます。たとえば、高慢な者たちのための第一段階では、重い石を背負い、身を屈することにより、罪を滅ぼすことができるとされています（74頁図）。

煉獄の頂上にはエデンの園が開けています。ダンテの場合はエデンの園と天国は別のものであったことがわかります。彼の理想の人、ベアトリーチェが現れ、彼女の導きによりダンテはさらに天国の中を進んでいきました。

なお、オーギュスト・ロダンの有名な彫刻、「考える人」はこのダンテの地獄篇に出てくる「地獄の門」の一部として作られたものです。「この門をくぐる者は一切の希望を捨てよ」と刻まれていることで知られる門をモチーフとしたものです（75頁図）。

他にも、幻視文学に影響を受けたとされている地獄絵の一例を挙げれば、カラー口絵7は一五世紀のフランスのものです。この図の中央の魔王は聖書に登場する海獣リヴァイアサンと同一視されており、口から死者を吐き出しています。同じ出典の煉獄の絵はカラー口絵8で、中央の川には死者が流されていますが、天使が罪をほろぼした者を一人ずつ引きあげています。後方では死者が山をよじ登っていますが、これは『神曲』に影響を受けた部分とされています。

プロテスタントにおける変化

①宗教改革期——神中心化の徹底

一六世紀のマルティン・ルターに始まった宗教改革は、「妥協せずに神に対する信仰を究めよう」という運動でした。それは、天国・地獄観では、天国での喜びは「至福の幻視」のみを認めるという方針になって現れました。カトリック以上の神中心的な天国観です。家族との再会などの喜びを入れてしまうと、来世での幸福が純粋ではなくなってしまうとしたのです。

地獄に関しては、まず、生きている家族が贖宥状を買えば、煉獄の死者が天国に行けるというカトリック教会のやり方を批判しました。なぜいけないのかといえば、ひとつは、金で天国が買えるようなシステムはおかしいという理由でした。これはわかりやすいと思いますが、もうひとつの理由はキリスト教(唯一神教)特有のものです。それは、贖宥状を買うことだけでなく、貧者に施しをする、断食をする、そういった善行を積むのはよいとしても、その見返りとして天国に行かせてもらおうという発想は、神中心ではないというものです。唯一神教では神は絶対的・超越的な存在です。絶対的・超越的というのは、人間から神に働きかけてどうこうしてもらうことはできない、人間は常に受動的でなくてはならないということです。教会の礼拝に参加した経験のある人は、教会では賽銭を投げないということをご存じでしょう(献金は教会運営費であり、神に対する賽銭とは別物です)。なにかと引きかえに神に願いを聞いてもらおう、それが高価なものであるほど願いはかないやすいだろうという考え方は、神を自分たち人間と同列に置くようなものであり、失礼だというのです。自分が天国に行けるかどうかは、神が決めることであり、自分にできることは神のみをひたすら信じ、讃えることだとされました。プロテスタントが掲げた「信仰のみ」のスローガンです。

いいかえれば、「信仰のみ」は、キリスト教と民族宗教・民間信仰の違いを再確認し、徹底しようということでもありました。煉獄信仰は、カトリックに民間信仰的な死者儀礼をもち込んだように見えるほど盛んになっていました。そのような儀礼はキリスト教には異質なはずだというのがルターやカルヴァンといった宗教改革者たちの考えでした。

さらには、煉獄の存在自体も否定されました。罪を犯した人にとっては、やり直しがきかない、より厳しい信仰に変化したといえます。地獄の業火の恐ろしさを信じたというところは中世カトリックと変わりませんでした。違いは、プロテスタントではカトリックほどは地獄や天国の様子を美術として表現することがなかったという点です。文学では、一七世紀のジョン・バニヤンによる『天路歴程』といった大作があります。主人公は地獄の口をかすめ、最後には天国に達します。しかしその挿絵は、出版形態の違いもあるとはいえ、悪魔との対決シーンですらシンプルです。これはプロテスタントが華飾を排するため、また天国を絵にすると神を描くことになり、それは偶像崇拝の禁止を破ることになるためです。

絵には描かなくても、プロテスタントは天国・地獄の存在をカトリック以上に真剣に受け止めていたとすらいえるでしょう。全員が救われるという考えなど、宗教改革時のプロテスタントには無縁のものでした。ほんの一部の真のクリスチャンのみが天国に値する人々とされました。だからこそ、堕落した人々を生きて

『天路歴程』(1850年版)の挿絵(原画も白黒).クリスチャンという名の主人公が悪魔アポルオンと闘っています.

いる間に回心させようという、一般信者に対する布教にも熱が入ったのです。

②一九世紀以降の二分化

ところが、このような厳しい天国・地獄信仰は長く続いたわけではありませんでした。科学が発達し、社会の近代化が進むにつれ、それに合わせて天国・地獄信仰を変えるプロテスタントの人々も増えていきました。すなわち、花咲く楽園としての天国、火燃え盛る地獄は、科学的知識が不足していた昔の人の空想の産物である。聖書に書かれている天国・地獄は、魂の救いと、神との断絶の状態を、象徴的に表現したものにすぎないという考え方です。

死後の世界を信じる場合でも、慈悲深い神が人間を地獄に落として永遠の罰を与えるという思想はおかしい、すべての人が天国で救われるに違いないと信じる人が増えていきました。霊魂消滅説をとる教派も出てきました。

しかし、そのような動きが加速するほど、それに疑問を抱く人々も同じプロテスタントの中から現れました。この人たちからすれば、恐ろしい地獄の存在を否定することは、人間側の都合に合わせて、キリスト教を口あたりのよいものに変えてしまうことを意味しました。それに危機感をもった人々は、時代遅れと笑われようとも、ことさらに地獄の業火を強調し、善と悪を厳格に分けることを説くようになりました。そのような人々はキリスト教原理主義者（ファンダメンタリスト）と呼ばれるようになりますが、その現在の天国・地獄信仰については第Ⅱ部で取り上げます。ここでは、プロテスタントの天国・地獄信仰が、近代化とともに二つの正反対の方向に分裂していったことを確認し、イスラムの天国・地獄観に話を移すことにします。

3 イスラムの天国と地獄

イスラム以前のアラビア半島における他界観

キリスト教の前にユダヤ教があったように、イスラムが成立する以前のアラビア半島にも民族宗教が存在しました。それは唯一神教ではなく多神教であり、また担い手は砂漠の遊牧民、農耕を営む定住民、交易地の商人と多様で、ユダヤ教のような求心力はありませんでした。それでも、死の観念については初期のユダヤ教と似ているところが見受けられます。

まず、魂が息(nafs ヘブライ語の nefesh に対応。クルアーン[コーラン]では、ヘブライ語の ruah に対応する ruh[spirit] の語も類語として使われる)と同一視されたことです。息が鼻や口から抜けるように、魂は死とともに体を離れるとされました。厳密にいえば、これは中東地域に限った観念ではないのですが、死とともに人間が息をしなくなることから、息が霊魂であるという観念が古くから存在したのです。

この魂は死後も残ると考えられていたようです。遊牧民の部族社会では、殺害された人の魂は、死体の頭部からフクロウの姿で飛び出し、復讐が果たされるまで墓の上で不気味な声で鳴き続けるとされていました。この復讐の血を求める「喉の渇いたフクロウ」は、当時の詩に現れるモチーフのひとつです。また、部族の首長が亡くなると、ラクダをその墓の近くにつなぎとめ、餓死＝殉死させる風習があったといわれます。死んだ後にも魂が乗るものが必要だろうという信仰があったことがうかがわれます。日本の民間信仰として、お盆にキュウリの馬やナスの牛に乗って先祖霊が帰ってくるという信仰があることを思い出すと、わかりやすい風習です。

これに対して、死後になにか確固たる別の世界があり、そこで新たな生が待っているという観念は、初期ユダヤ教同様、イスラム以前のアラビアの宗教にはありませんでした。クルアーンには、ムハンマド(マホメッド)の周囲のアラブ人は、復活の話を聞いても、死体が塵になった後で蘇るとはどういうことなのかさっぱり理解できず、次のように言ったと書かれています。

かれらは言う。「この世の生があるだけで、再び甦るなどということはないのです。」

(6・29)

現世志向を強めたのは、当時のアラブ人に特徴的な運命論でした。人生のできごとは運命によって定められており、避けることはできないという信仰で、その運命を決めているのは時間(dahr)であると考えられていました。

かれらは言う。「有るものは、わたしたちには現世の生活だけです。わたしたちは生まれたり死んだりしますが、わたしたちを滅ぼすのは、時の流れだけです」(45・24)

神々が時間を支配しているのではなく、時間の方が上位にあることになりますが、この点はユダヤ教を含む唯一神教との違いです。多神教といっても、地域によっては一人の最高神を設け、それをアッラー(「神」という意味のアラビア語)と呼ぶこともあり、アッラーが天地を創造したという観念もすでにあったとされています。その神すらも時間という自然の秩序を統御する存在ではなかったのです。

運命論をもたらしたのは、自然災害にさらされやすい環境や部族間の抗争だったといわれています。長期間降雨がなく飢餓に瀕したり、周囲の部族に突然襲撃され略奪されたりと、いつ災難に遭うかわからない、先の読めない生活を人々は送っていました。

このような状況に置かれ、運命の存在を信じるならば、人間は自暴自棄になるものです。コツコツ努力しても、運命のいたずらで、築いたものを一瞬のうちにすべて失ってしまうかもしれないとなったら、やる気をなくすものです。「宵越しの金はもたないぞ」とばかりに一時の快楽に身を任せ、災難が訪れる前にせいぜい楽しく過ごさなくては損だというメンタリティーに陥りやすくなります。

従来のイスラム研究では、当時のアラブ人、とくに遊牧民はまさにそのような刹那的快楽主義であったといわれています。このように、現世志向でありながら悲観主義であったため、来世志向で救済を説くイスラムとは、一見対照的でありながら、現世に永く続く幸せを求めるわけではないという点では連続していました。先のクルアーンの引用に現れているように、最初のうちはイスラムの来世観は容易に理解されませんでしたが、逆に大きな魅力ともなったのです。つまり、現世の幸せがいかにもろくはかなくとも、善行を積めば来世では報われるのだとなれば、希望が生まれ、日々まじめに暮らそうという気になるものです。これが、民族宗教からイスラムに変わることによって「倫理化」が起こったとされる理由です。イスラム以前の遊牧民にまったくモラルが欠如していたわけではなく、勇気や仁義といった男らしい徳は重視されたのですが、毎日禁欲的に特定の目標を目指して努力しようという動機を作るものがなかったのです。それでは、その倫理化を方向づけたイスラムの来世観とはどのようなものだったのでしょうか。

クルアーンにおける天国・地獄観

クルアーンの中の天国と地獄の記述は、キリスト教の聖書に比べると箇所が多く内容も具体的です。ほぼ同じ情景が何度も繰り返し現れます。その描写はとても感覚的であるといわれてきました。

主を畏れる者に約束されている楽園を描いてみよう。そこには腐ることのない水を湛える川、味の変ることのない乳の川、飲む者に快い(美)酒の川、純良な蜜の川がある。またそこでは、凡ての種類の果実と、主からの御赦しを賜わる。(このような者たちと)業火の中に永遠に住み、煮えたぎる湯を飲まされて、腸が寸断する者と同じであろうか。(47・15)

このイスラムの天国(ジャンナ。「庭」の意)は、砂漠の中で人々を癒すオアシスのイメージといわれます。直射日光を遮る木陰が豊富な庭園で、その園の〈下〉を川が流れるとも書かれています。これは、キリスト教の天国のうち、エデンの園をモデルとするものに通じる天国観です。実のところクルアーンにもエデン（アドン）の園という言葉はあり、天国と同じものとして書かれている箇所と、その一部として書かれている箇所があります（クルアーンの「天国」の言葉は複数形で、いくつかの園に分かれていることが含意されています）。

このオアシス風天国には水と緑があるだけではありません。そこにいる人々は「美しい緑色の絹と錦の外衣を纏い、銀の腕輪で飾られ」（76・21）、「寝床の上にゆったりと身を伸ばし」（76・13）、あるいは「並べられたソファーに寄りかかり」（52・20）くつろぎます。「果物、肉、その外かれらの望むもの」（52・22）を食べ、心地よい甘い美酒はどれだけ飲んでも「頭痛を催さず、酔わせもしない」（37・47）とあります。

イスラムでは戒律で飲酒を禁じていますので、天国では飲み放題というのは不思議な感じがするかもしれません。これは、イスラムでは酒自体が悪とされているのではなく、人間があまりに弱い存在なので、飲酒を少しでも許すとアルコールに依存するようになり、身を滅ぼしかねないので、現世にいる間は取り上げておこうという考え方をとるからです。むしろ現世で禁止しているからこそ、特筆すべきご褒美ともなるのでしょう。

さらに、天国に来た人たちに奉仕する人々もいます。金やガラスの器に入った酒を供してまわるのは「真珠」にたとえられる美少年たち（76・19、52・17〜18）。そして、同じく真珠や「ルビーやさんご」にたとえられる美しく若い乙女たち（フーリー）が新たに配偶者になるとされています（55・58、52・20）。大きな目を伏し目がちにした乙女たちは「人間にもジン〔筆者注：精霊〕にも触れられていない」（55・56）処女たちです。グラマラスであるというニュアンスの表現もあります（75・33）。

この、天国では新しい妻をあてがわれるという記述は、最も物議をかもし出すものです。妻を四人まで娶ってよいというイスラムの戒律や、ハーレムの官能的イメージと重なり、この天国描写は、非イスラム圏における、イスラムはいかがわしい宗教だというイメージの一つのもとになりました。そこには、日本と聞くと「ゲイシャ」を連想する欧米人にも共通する、東洋は性的に放埓な社会であるという偏見も絡んでいるのですが、女性の人権という点ではいただけないということは否めません。召使がいるというのもどうなんだろうかという意見もあるでしょう。

これに関連して、ムハンマドに関する次のような伝承があります。ある年老いた女性がムハンマドのところに来て、天国に行きたいと願ったところ、ムハンマドは「老女は天国に行くことはできない」と答えました。それを聞いた女性が泣いて立ち去ってしまったので、ムハンマドは「あの人に、『天国には老女はいないのだが、それはあなたは天国に行ったら若返るということなのだよ、だから大丈夫なのだ』と伝えてください。クルアーンに『かれら

(の配偶として乙女)を特別に創り、かの女らを(永遠に汚れない)処女にした』とあるでしょう」と言ったというものです。このエピソードは、ムハンマドにユーモア・センスがあったことを示すものとして語り継がれてきたようです。悪気はなくちょっと女性をびっくりさせてみたということなのですが、しかし、このジョークには笑えない人もいるでしょう。

この問題については、「時代が時代だったからやむをえない」「当時の他の社会に比べれば、イスラム社会は女性の人権に配慮していた」という説明がよくなされています。たしかに、先に触れた日本の昔話でも、他界で宴によってもてなされる主人公は男性ばかりですから、これはイスラムだけの問題ではありません。本書では、現在は、ムスリムの女性たちはこの天国観をどう思っているのか、天国を信じないという選択をとっているのか、あるいは女性向けの天国を構想するという選択をとっているのかというところに関心を向け、第Ⅱ部で探っていきたいと思います。

クルアーンの中の天国の描写に戻れば、この他の特徴としては、人々がむなしい話にふけらないということも度重ねて語られています。

そこでは、無益な言葉や、罪作りな話も聞くことはない。／只「平安あれ、平安あれ。」と言う(のを耳にする)だけである。(56・25〜26)

これは、天国では人間はみな清い心をもつようになり、他人を傷つけることはないからです。

　他方、地獄（ジャハンナム）については、最初の引用にもあるように、火で焼かれる火獄というのが基本のイメージです。灼熱の砂漠をさらに過酷にしたような場所で、熱風が吹き、黒煙が上っています。地獄の業火は、「人の皮膚を、黒く焦が」（74・29）しますが、さらに皮膚が焼け尽きる度に、神は皮膚を再生させるので、苦しみが繰り返すとあります（4・56）。アッラーを信じない者やその崇拝する偶像、また悪しきジンたちは、業火の燃料になると表現されています（21・98、72・14〜15）。地獄で食べるものは、ザックームという木の実です。それは地獄の底に生える木で、実《み》は悪魔の頭のようで苦く、地獄に落ちた人はそれを腹いっぱい食べさせられますが、食べた実は溶けた銅のように内臓の中で沸騰すると書かれています（37・64〜65、44・45）。さらに、煮えたぎる湯と膿を飲まさせられます（38・57、56・55）。「喉が乾いたラクダが飲むように」（56・55）飲むとあります。罪人たちの下着はタールで、寝台に横たわろうものなら炎に包まれます。鎖でつながれ、引き立てられ、鉄の鞭で打たれるともあります（14・50、22・21）。

　以上のような天国と地獄の生々しい描写は、「アラビア半島の風土の中では現実味はあったのだろうが、どうも俗っぽい」と見られてきました。とくに天国では男性の肉体的欲求が満たされることになっているため、宗教は精神的であるべきだという宗教観をもつ人たちから見ればなおさらです。けれども、これはキリスト教と比べて、それほど大きく違うというわけではないのです。確かに聖書、とくに黙示録以外の部分の淡泊な記述と比べれば、クルアーンの記述はかなり異質であるという印象を受けます。しかし、書かれた時代が違います。クルアーンの天国・地獄観は、キリスト教ならば初期から中世にかけての具体化・詳細化した天国・地獄観に類似しています。また、その時代のキリスト教の天国・地獄描写に迫真性があったのは、想像のみならず幻視体験に基づいていたからだと述べましたが、これはクルアーンにも共通するものです。クルアーンはムハンマドの啓示体験(神の言葉を受け取ったとされる超自然的体験)中に彼の口から発せられた言葉を書きとめたものとされているからです。つまり、こちらも一種の幻視体験を文章化したものなのです。

そのうえ、キリスト教でも、学者が手を加えていない最初の天国イメージは宴会でした。宴会といっても、キリスト教では性愛に価値を置かない立場が主流であり、他方イスラムでは独身の方が浄いとか徳が高いというような観念はないので、この違いがそれぞれの天国描写に反映されているということはあります。しかし、キリスト教において天国像が宴会イメージから出発しながらも、後に学者がそれを洗練しようとして変えていったという過程は、後述のようにイスラムにも顕著に見られます。感覚的快楽よりも、神を見ることの方が大きな幸福なのだということがイスラムでも強調されていったのです。

イスラムの天国・地獄観とキリスト教の天国・地獄観の間にこのような共通性があるとなりますと、前者は後者のただの受け売りではないかという人も出てくるでしょう。実際、ムハンマドの時代のアラビア半島には、ユダヤ教もキリスト教も流入しており、ムハンマドもこれらの宗教について知っていました。しかし、ユダヤ教とゾロアスター教の関係と同様、いくら接触があったといっても、それが即、受動的な影響関係につながるとは限りません。やはりイスラムが成立するにあたって、天国・地獄信仰は必要なものだったのです。

それまでの遊牧民の信仰では、殺害された人間の魂は、「犯人に復讐して恨みをはらしてくれ」とさまよわなければなりません。遺族が仇《かたき》をとるならば、今度は相手側が同じ立場になり、一族全体を巻き込んでの報復の応酬が起きます。神が来世で公正に裁いてくれるという信仰は、そのような連鎖を断ち切り得るものであり、個人を血縁の縛りから解放する力をもっていました。あるいはまた、貪欲な人々に対して、現世で蓄える富はむなしいものだという戒めが次のように語られました。


あなたがた信仰する者たちよ、律法学者や修道士の多くは偽って人びとの財産を貪り、(かれらを)アッラーの道から妨げている。また金や銀を蓄えて、それをアッラーの道のために施さない者もいる。かれらに痛ましい懲罰を告げてやれ。／その日、それら（の金銀）は地獄の火で熱せられて、かれらの額やわき腹や背に、焼印が押されるであろう。「これはあなたがたが自分の魂のために、蓄積したものである。だからあなたがたが蓄積したものを味わえ。」（9・34～35）

さらにいえば、なにごともオリジナルでなくてはならないというのはひとつの見方にすぎません。もしイスラムが説く天国・地獄の姿が、キリスト教のような既存の宗教のそれから大きくかけ離れていたとしたら、その方がよほど信憑性《しんぴょうせい》がなかったでしょう。イスラムはユダヤ・キリスト教を自らとまったく異なる宗教ではなく、先駆者として認めているので、なおさらです。そもそもイスラムの地獄を表す言葉「ジャハンナム」は、聖書の地獄という単語「ゲヘナ」の派生語です。

天国と地獄が終末信仰の一環であるという点も、ユダヤ・キリスト教とイスラムの共通点です。天国・地獄という来世の存在を信じることは、イスラムの教義上最も基本的な「六信」のひとつとされています。現世から来世への転換は終末の訪れによって起こります。

そのイスラムの終末観もまた、天変地異を伴い、一人一人の最後の審判に至るものです。まず、天使イスラーフィールのラッパとともに、大地震が起き、「大地や山々は持ち上げられ、一撃で粉々に砕かれ」「海は沸きたち」「太陽が包み隠され」「諸星が消され」「大空は千々に裂け」(69・14、16、81・6、77・8)ます(カラー口絵14)。閉じ込められていたヤァジュージュとマァジュージュ(旧約聖書にあるゴグとマゴグ)という種族が襲ってくるといった記述もあります(カラー口絵11)。そして人間とあらゆる生きものが死にます。次いで二回目のラッパとともに、それまでの死者を含め、すべての人間が蘇り、集められ、神の裁きが始まります(カラー口絵13)。生前の行いが記録された帳簿に基づき、善悪の行いが秤にかけられます。善行の量の方が重い者は天国に、反対の者は地獄にと分けられます(つけ加えれば、この秤を使うというシーンは、商人を主体として始まった宗教であるイスラムらしいとよくいわれますが、キリスト教でも最後の審判時に、大天使ミカエルが秤で死者の魂の重さを計るという信仰があります)。

(行いを記録した)書冊が(前に)置かれ、犯罪者がその中にあることを恐れているのを、あなたがたは見るであろう。かれらは言う。「ああ、情けない。この書冊は何としたことだ。細大漏らすことなく、数えたててあるとは。」かれらはその行った(凡ての)ことが、かれらの前にあるのを見る。あなたの主は誰も不当に扱われない。(18・49)

キリスト教の聖書以上にクルアーンは神の言葉そのものとされますので、このように書かれている以上、終末と最後の審判からは誰も逃れられないというのがイスラムの主流の解釈です。しかし、はたして罰は永遠に続くのか、クルアーンに書かれている来世での報いは実際のところどのようなものかなどについては、キリスト教と同様、イスラムでも次第に解釈が分かれていきます。それについて次に見ていくことにします。

伝承・学問における天国・地獄観の展開

クルアーンにおける天国と地獄の記述は、聖書より詳しいとはいえ、断片的であり、さまざまな疑問を残すものでした。それらに答える形で、イスラムの天国・地獄観は、伝承(ムハンマドの言行録であるハディースや民間伝承など)や神学者・法学者(イスラム法の研究者)の手により発展していきました。伝承には膨大な数があり、広く知られているもの、一部の地域・時代のみのものなどさまざまです。それはキリスト教や仏教の伝承についても同様ですが、日本人は概してイスラムにはより馴染みがないため、以下に紹介する各伝承がイスラム全体を代表しているように見えるかもしれません。その点は注意が必要です。

カラー口絵 11

ズ・ル・カルナイン王(通説ではアレキサンダー大王と同一人物)が，遠征中に，ゴグとマゴグ(ヤァジュージュとマァジュージュ)に苦しめられている部族に出会い，ゴグとマゴグを囲い込む壁を作ったとクルアーンに記されています．この壁が終末には崩れるとされています．図中，牛頭の種族がゴグとマゴグ．カルナイン王(幕屋の中)の命の下，壁が築かれているところです．16 世紀イランの画家による絵画．(チェスター・ビーティー図書館所蔵)

カラー口絵 12
楽園のアダムとイブ(アーダムとハウワー). アダムは蛇, イブは孔雀に乗っています.
16 世紀のイランの絵画. (アーサー・サックラー美術館所蔵)

カラー口絵 13

アラブ人画家による 16 世紀の絵画．秩序ある世界と終末時の混乱した世界を描いています．（トプカプ博物館所蔵）

カラー口絵 14

四大天使の一人，イスラーフィールが，終末が到来したことを知らせるラッパを吹いている図．13 世紀イラクの作品．（フリーア美術館所蔵）

カラー口絵 15
ムハンマドの昇天．ムハンマドの顔にはベール，そのまわりには“後光”が描き込まれています．また，顔が人間，身体が馬という天馬に乗っています．左側の天使がジブリールです．16 世紀ペルシャの細密画．（BRIDGMAN/Uniphoto Press）

①地獄から天国へ

キリスト教では、初期の主流の解釈は、地獄に行った者はそこで永遠の罰を受けるというものでした。これは厳しすぎるということから、軽い罪を犯した者は地獄ではなく煉獄に行き、本人や生きている家族の努力やマリアのとりなしにより、天国に移ることができるという信仰が一般化していきました。

イスラムでは、煉獄という別の他界を新たに設定するのではなく、信者である限りは大罪を犯しても地獄に永遠にいることはない、しばらく罰を受ければ天国に行くことができるとしました。それにより、裁きをなす神の義の面と慈悲の面を両立させたのです。というのも、イスラムでは人間をきわめて無力な存在と見ます。誘惑に負けて罪を犯すのはしかたがないことであり、そのような人間でも心から反省し、許しを求めれば、慈悲深い神は受け入れるという考え方なのです。最低限必要なのは、アッラーのほかに神はないとする信仰ということです。

さらに、罪深い人間のためにムハンマドがとりなしをしてくれるという信仰も広がりました。クルアーンには天使がとりなしをするという簡単な記述があるのですが、後代の信仰では、乳のように白く蜜のように甘く麝香《じゃこう》の香りがする水を湛えた池のまわりに信者は集められ、ムハンマドのとりなしで大罪が許され、その水を飲み身を浄めることができるともいわれるようになりました。つまり、地獄でしばらくの間罰を受ける必要すらないとなっていったのです。

ただし、なにをやっても天国に行けるとなってしまえば、それは現世に無秩序をもたらします。そのため、落としどころは、神は自由であり、人間の思惟を超えた存在なので、人間側は「こうすれば絶対に救ってくれるはずだ」と推測して安心してはならないということになります。また、罪を犯しても救われるのはムスリムだけで、神を信じない者には地獄で永遠の苦しみが続くというのはクルアーン以来(43・74、21・102)の主流派の見解でした。地獄の永遠の罰はあるとしたままで、しかし天国への敷居は低いとする考え方が、多くの信者に受け入れられていったのです。

②天国でのより大きな幸せ

地獄での懲罰が緩和される一方で、天国観はどうなっていったでしょうか。クルアーンが絶対視される以上、そのオアシス的天国像が変化することはありませんでした。都市型天国もあれば花園型天国もあるというキリスト教ほどのバリエーションは生じる余地がなかったのです。その代わりにイスラムの伝承では天国での幸せが〈スケールアップ〉していきました。たとえば一部の伝承では、天国で迎えてくれる妻たち(フーリー)は一人につき七二人。召使の数は一人につき八万人とも。それだけの人数を収容できる大邸宅、しかも宝石をちりばめた豪邸が一人一人に支給されるといった描写もあります。その妻の美しさの描きかたもエスカレートし、彼女が下界を見下ろすと、その眩い美しさによって地上と天国の間にあるものはすべて明るく照らされ、その芳香によって満たされるなどと表現されました。透き通るような美しさなので、足の骨の髄まで見えるとか、つけているベールは現世のものとは比べ物にならないほど上質だなどともいわれました。

人間自体も変わります。天国では人々の身長は一律六〇キュービット(約三〇メートル)に伸びます。この長さは神が最初に造った人間、アダム(アーダム)の身長だったといわれるためです(アダム以降、地上の人間の身長は少しずつ縮んでいったのです)。長さだけでなく、姿形もアダムのようになります。神が直接造ったアダムは、最も完全な身体をもっていたはずだからです。年齢はキリスト教の場合と同じく三三歳という説が主流のようですが、理由はその年齢が男盛り(女盛り)の年だからとのことです(おそらく、三三という数にはもともと数秘学的に意味があり、それがキリスト教ではイエスの年齢とされ、イスラムでも特別な年齢とされていったと見る方があたっているでしょう)。目には消えないアイラインがつきます(ぱっちりとした目が美女のみならず美男の条件なのでしょう)。体毛はなくなり、手入れ不要になります。排泄もなければ鼻水も出ない、清潔な体になります。汗は出ますが、それは香水に変わります。そのうえ毎週一回、北風が吹いてますます美しく磨いてくれるという〈エステ・サービス〉つきです（これは、後述の、神への謁見というイベントの準備としてです）。さらに体には常に力がみなぎり、睡眠不要になります。空腹になることもないのですが、それでもご馳走が出るのは、食べることは人間にとってとても楽しいことだからとされます。

このようにいろいろと詳述されるようになりますが、やはり落としどころは、天国での幸せな生活は地上での衣食住とは比べ物にならないので、言葉では十分に表せない、神も、説明しても現世にいる間はわからないだろうからとすべてを教えてくれているわけではないというところです。あとは来世に行ってからのお楽しみ、というわけです。

さらに、これらの幸せにもまさる幸せが天国にはある、それは神を見ることができることだという、キリスト教の「至福の幻視」論にあたるものも存在します。これについての言及はクルアーン中にもあります。ただし、物質的に満たされる幸せを凌ぐとはっきり書かれているところでは、神自身の「満悦」となっています。神が満足するとは、天国では神が人間に対して腹を立てることはなくなるということであり、それが人間に対する褒賞であるという意味です。

アッラーは、男の信者にも女の信者にも、川が永遠に下を流れる楽園に住むことを約束された。また永遠〔アドン〕の園の中の、立派な館をも。だが最も偉大なものは、アッラーの御満悦である。それを得ることは、至上の幸福の成就である。（9・72）

天国で直接神を見ることについては次のように書かれています。

その日、或る者たちの顔は輝き、／かれらの主を、仰ぎ見る。（75・22〜23）

この箇所だけですので、クルアーンでは他の種類の幸せに対してそれほど強調されていたわけではありません。しかし、天国での物質的・身体的快楽の描写がスケールアップするほどに、また学者が議論を戦わせるにつれて、そういった幸福よりも神を見る幸福の方が上であることを忘れてはいけないということが強調されるようになりました。

伝承によれば、天国の人間は毎週金曜に神に謁見することができます。男性はムハンマドに、女性はムハンマドの娘であるファーティマーに率いられて、天国の最上部に上ります。途中で天使が取り巻く天国のカーバ神殿を通過します。神のもとに到着すると、光の覆いがするすると上がり、神が姿を現すのです。神は一人一人に声をかけます。

とくに神秘主義（神と合一する宗教体験を重視する立場。スーフィズム）の流れにおいては、現世では神秘体験という特殊な体験を通してしか実現できない、「神とともにある」状態が、天国ではごく普通に可能になるのがなによりもすばらしいこととされました。神秘主義色の強い学者、アル・ガザーリーは、神を見る幸せの前には宴会の喜びもかすむと、あるいは宴会のような感覚的快楽は庶民向けの幸福だが、宗教的エリートは見神という精神的喜びにより満たされるのだとしました。

他方、天国での家族との再会というモチーフはどうでしょうか。現世で妻だった女性たちはどうなるのかといえば、夫とともに天国に行くという簡単な記述がクルアーンにあります（43・70）。このため、天国の処女妻たち（フーリー）は、現世の妻たちが若返り浄められたものなのだという解釈も後代には登場します。現世で愛した者たちとの再会という情的な幸せに重きを置いた人たちもいたということでしょう。しかし、この解釈は主流にはなりませんでした。クルアーンの記述に合わないからという理由がつけられましたが、キリスト教と同様、救済を個人という単位でとらえる宗教上の特性が大きく作用したのでしょう。なお、妻たちの処遇に対する埋め合わせのためか、善行を積んだよき信者である女性は、神から見ればフーリーの〈七万倍〉も優れているという伝承が加わっていきました。

同じように、子孫たちと天国では一緒になることができるという記述がクルアーンにあり

賢者ナスルディンの「天国小咄《こばなし》」

ナスルディンは，トルコからイランまで，広くイスラム圏に伝わる昔話の主人公です．13 世紀頃に実在したスーフィズム（イスラム神秘主義）の僧侶がモデルになっているといわれています．賢者ですがとぼけた味をもち，宗教にまつわる小咄が数多く存在しています．

パディシャー（王）はよくナスルディンを話し相手にしていたが，ある日こう尋ねた．「なあ，ナスルディン，私は死んだら天国に行くのだろうか，地獄に行くのだろうか」．

「その問題については，私は結論に達したところです．間違いなく地獄です」．

パディシャーは目をむいて怒りだし，ナスルディンを罵倒した．

「“アッラーの影”であるパディシャー，そんなに興奮なさらないで！」とナスルディンは返した．「なぜそれが唯一可能な結論かというと，あなたが天国行きに値する人をあまりに大勢倒してしまわれたので，天国はもういっぱいで，あなたのための場所はなくなってしまったのですよ！」

トルコのアンカラ遊園地にある，ナスルディンの像．ロバに後ろ向きに乗っています．（Nevit Dilmen 提供）

ますが(50・20)、血縁が信仰によるつながりよりも重視されないよう、学者は注意を払ったようです。天国の人々は一大家族のようなものだというような但し書きがつけられたり、家族同士で会うことは自由としつつ、一人一人が天国で受ける待遇は、現世での行いによりランクづけされていることが前提だったりと、解釈は微妙なものになりました。

③死後の行き場と終末の天国・地獄の異同

時間が経つにつれて、学者間で大きな争点となっていったのは、「死んだらすぐに天国・地獄に行くのか、それともそれは終末が到来してからか」、またこれに関連して「天国・地獄は終末以前から存在するのか、それとも終末時に神が新たに造るのか」という問題でした。というのも、イスラムの初期には、終末はすぐ訪れると考えられていたので、終末時の来世の説明だけで事足りていたのです。しかしそうはならなかったので、個人の死と世の終わりの間のタイムラグが問題として浮上しました。死んだら終末の復活まで死者はどうなっているのかという疑問が大きくなっていったのです。

その中で最も一般化したのは、「墓の中の罰」という信仰です。死者が墓に埋葬されると、ムンカルとナキールという天使がやってきて、よい信者かどうかをテストするというのです。答えられない場合は、墓が狭くなりヘビやサソリが出てきて復活の日まで苛《さいな》まれます。正しく答えた場合は、墓は広げられ、明るくなり、天国の香りを嗅ぎながら復活を待つことができます。テストの内容は、「あなたの神は誰か」「あなたの預言者は誰か」「あなたの宗教はなにか」といったことです。

この解釈では死者は死後すぐに天国・地獄に行くのではなく、「バルザフ」という中間的段階に入ることになります。バルザフとはクルアーンでは障壁（20・100）と訳されている言葉で、このためなんらかの空間を指すと解釈される場合もあります。つまり、死者の魂の待機所は墓そのものではなく、墓のようなバルザフというところだという説です。バルザフの解釈は後に広がり、神を信じぬ者が終末まで罰せられる仮の火獄、殉教者が終末まで憩う仮の楽園を指すという見方も生まれました。

いずれにせよ、本格的な天国・地獄に入ることは終末まではないことになります。ただし、天国・地獄は終末に初めてできるのではなく、時の最初から存在するが、終末まではその門は閉じられているとする解釈が主流です。バルザフにいる死者は、いずれ自分が行くことになる天国か地獄をちらりと見せてもらえるなどといわれています。しかし、あまりに長い期間、天国も地獄も人間が不在であることになってしまうので、ムタズィラ派などの合理主義的な神学者には、天国・地獄は最後に造られると主張した者もいました。

つけ加えれば、天国の中にある「エデン（アドン）」と呼ばれる園についてですが、これは世界の最初の楽園と同じではないとされています。イスラムでも、アダム（アーダム）とイブ（ハウワー）が最初の人間なのですが、二人がいたところはクルアーンでは「エデンの園」とは明記されていないのです（カラー口絵12）。

④天国・地獄の構造

天国はまた、クルアーンに描かれた天地創造における天界と同じか否かも議論されていきました。世の最初に神は天地をそれぞれ七層に分けたと記されているのです（107頁図）。七という数は、太陽・月を含む七つの惑星（肉眼で見ることができた主な惑星）に対応するもので、古代の宇宙論において一般的なものでした。

主流となった解釈は、天国は、この七層の天界とはまた別であるというものです。天国の大きさは、天と地を合わせたほどで（3・133）、天界の最上層よりもさらに上にあるとされます。天国のさらに上には神の玉座があり、天国自体も八層に分かれるといわれるようになりました。最上層は「フィルドス（パラダイスの派生語）」と呼ばれることが多く、他の層には、「エデン」のほか、クルアーンに由来する「悦楽の園」「安息所の園」「永遠の園」などの名前がついていますが、どのような順序で階層をなしているかについては定説はありません。各層には門があり、信者は徳の高さによって分かれて入ります。最初に入るのはムハンマドで、また、貧者は富者よりも先に入ることができるとされています。

天に関するもうひとつの有名な話は、生前のムハンマドが天使ジブリール(ガブリエル)に連れられ天に昇ったというものです。七月二七日の夜、メッカから、天馬(ブーラク)に乗ってエルサレムに至り、そこから天に向かったとされています(カラー口絵15)。伝承では、このときムハンマドは天国または天界の各層を通過し、過去の預言者たちに出会ったことになっています(このときの天が天界だけなのか、天国を含むのかについても説は分かれています。いずれにせよ、預言者たちは終末前から天にいたことになります)。第一天ではアーダム、第二天ではヤヒヤー、イーサー(イエス)、第三天ではユースフ(ヨゼフ)、第四天ではイスハーク、第五天ではハールーン、第六天ではムーサー(モーセ)、第七天ではイブラーヒーム(アブラハム)がムハンマドを迎えました(どの預言者がどこにいたかについては伝承によって違いがあります)。天

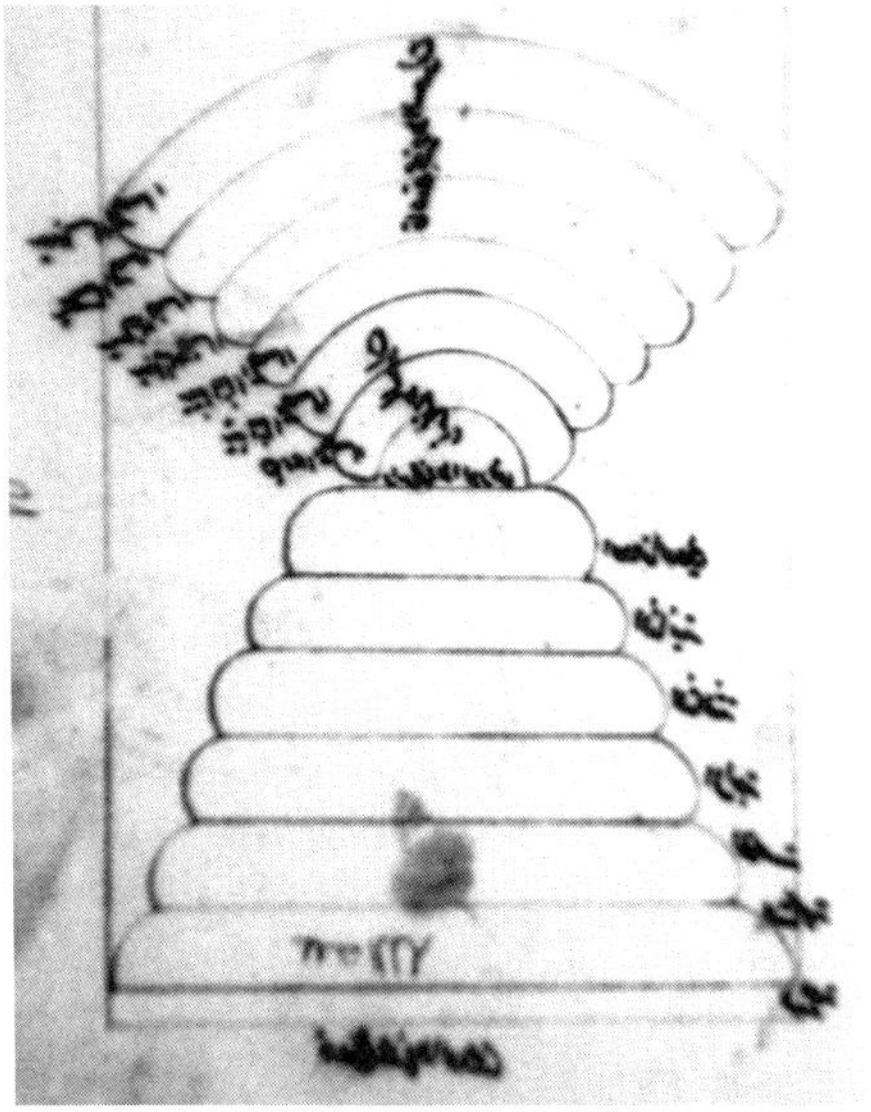

七層の天と地

使ジブリールはそれから先に進むことを許されませんでしたが、ムハンマドはさらに進んで神の玉座に達し、一日五回礼拝することの許可を得たといわれています（最初五〇回と言われたところを五回にまけてもらったのです）。

天国の最上部ではムハンマドはその中央に巨木が立っているのを見ました。この聖木の葉一枚一枚には人間の名前が書かれており、葉が落ちるとその名前の持ち主が死ぬとされています。天使がその葉を拾い上げ、名前を読み上げ、その魂を迎えにいくと伝えられています。ムハンマドはこの夜の旅で地獄も訪れたとも伝えられています。クルアーンには地獄には七つの門がある（15・44）と書かれていることから、地獄は七層に分かれているといわれるようになりました。

最上層は、信者だが大罪を犯したので、しばらくの間地獄で罰を受けなければならない人たちの行き場です。この最上層はしたがって、全員が罪を浄化し終えれば消滅することになっています。これに対して、最下層は偽善者が永遠に苦しむところです（4・145）。偽善者とはこの場合、「アッラーのみが神」と口では言っていたが、内心信じていなかった人のことを指します。極寒地獄の層もひとつあるといわれています。

地獄全体の形状は、大きな深い穴というイメージが一般的です。伝承から加わった信仰として、審判の日、人々はその穴の上にかけられた細い橋を渡るというものがあります。善人は苦もなく渡り切り、その先にある天国に到達しますが、罪人は橋から地獄へと落ちていきます。橋には刺《とげ》や鉤《かぎ》が出ていて、罪人はそれらに躓《つまず》くのです。

偽善者のほかは、どのような人たちが地獄に行くのかといえば、信仰なき者たち、つまり、たとえよい人間であってもアッラーを唯一の神と認めない場合は永遠に地獄にいることになっています。ユダヤ・キリスト教徒のような「啓典の民」の場合は解釈は揺らぎ、地獄に行くといわれたり、イスラムを否定しない限りは救われるといわれたりしてきました。この異教徒に関しては例外もあり、イスラムで認める預言者の誰にも物理的に出会う機会がなかった人々、とくにムハンマドの時代以前の人々は、イスラムを知っていて拒否した人々と同じ罰には値しないとされます。

論理的には、ムスリムは時間がかかっても全員天国に行き、信仰なき者は地獄で永遠に罰せられることになり、その決定に関しては犯した罪の大小は関係ないのですが、クルアーンや伝承には、地獄に値する罪の種類がここかしこで語られています。たとえば、傲慢な者、残忍な者、殺人者、裏切り者、不誠実な者、吝嗇家《りんしょくか》、姦通を犯した者、他人に暴力をふるい下品な言葉をよく使う者、自殺者、さらには露出度の高い服を着る女性という記述もあります。

物心つく前の子どもについては、イスラムには原罪の観念がないため幼児であれば罪はないとされ、親がムスリムであればすぐに天国に行けるといわれます。親が異教徒の場合は、天国の召使になるのだという説が後代に現れます。

あるいはこういった子どもたちや、生前とりたてて悪いこともしなかったが、とくによいこともしなかった人たちは、天国と地獄の中間的な場所(キリスト教でいえば辺獄。アラビア語ではアル・アーラーフで、クルアーンでは「高い壁」〔7・46〕を指す言葉)に行くという説もあります。

地獄の責め苦についても伝承ではさまざまに語られますが、火で焼かれるという基本は変わりません。最も軽い罰は「火の靴」で、これを履《は》くと、ちょうど火にかけられたやかんのように、脳が沸騰するなどと伝えられています。キリスト教では地獄観が詳細化する中で、人間が魔王に食べられるというモチーフが出てきますが、これはイスラムには見当たりません。むしろサタンはもともと堕天使であるため、人間とともに地獄で罰を受け、しばらくして後、天国に返り咲くことができると信じられています。

ただし、地獄自体が巨大な動物であるという解釈は存在します。これはクルアーンの中に、神が終末の日に、地獄に「満員になったか」と問いかけたところ、「なお多くの(入る)者がおりますか」と答えたとあることに由来しています(50・30)。この地獄という動物は、その日、七万人の天使に手綱を引かれてやってくるとされています。この数字は地獄が巨大であることを暗示していますが、他の伝承では、石を落とすと底につくまで七〇年かかるほど、地獄は深いというものもあります。巨大といえば、天国に行った人間は巨人になるという伝承に先に触れましたが、地獄に行った人間も巨大だと語られることがあります。この場合は、身長よりも横幅がとてつもなく長い、たとえば肩幅がメッカからメディナまでの距離であるといった表現がとられます。

⑤天国・地獄の象徴的解釈

以上のような具体的な天国・地獄の描写については、そのまま受け取る、つまり物理的な楽園としての天国・火獄としての地獄は存在するとする学派もあれば、比喩であるとする学派もあります。合理主義神学のムタズィラ派やギリシャ哲学の影響を受けた哲学者、イブン・スィーナーなどは後者です。比喩であるとする主な理由は、そうした学者は肉体と対置される精神と知性に価値を置くためで、クルアーンの具体的な記述は無学な一般信者に対する配慮にすぎないと考えたのです。また、天国・地獄信仰は考えようによっては神への冒瀆です。というのも、来世で楽しく過ごしたいから神を信じるという論理になれば、それは神そのものを愛していることにはならないからです。

もっとも、物理的な天国・地獄の実在を否定するといっても、ほとんどの学者は人間は死後無になるとはしませんでした。霊魂は残り、その精神的喜びや苦しみが、クルアーンには宴会や業火の形で象徴的に表されているのだと解釈したのです。いいかえれば、終末になっても肉体が復活することはなく、魂が受ける賞罰は感覚的なものではないということです。

　イスラムの分派として最も知られているのは、神学上の諸学派よりも、スンナ派とシーア派の二大宗派ですが、その間でも天国と地獄に関する解釈には違いがあります。たとえば、先述の「墓の中の罰」はスンナ派の信仰です。ただし、これら二派はムハンマドの後継者を誰にするかという問題から分裂したのであり、教義上の対立がもとにあるわけではありません。天国と地獄の解釈についても、二派は互いを意識しながら対抗教説を築いていったというわけではなく、それぞれが独自に解釈を深める中、次第に見解が分かれていったにすぎません。その結果、神学上の諸学派にあるようなクリアな対立図式はないのです。これまで説明した内容に関する範囲で特筆するとしたら、シーア派から分かれたハワーリジュ派は、罪を犯したムスリムはその時点でムスリムではなくなり、不信仰者と同様、救われることはないという厳しい立場をとりました。また、シーア派では、終末にはマフディーという救世主が現れるという信仰が発達していきました。

　なお、イスラムではキリスト教以上に偶像崇拝を厳しく禁じるため、天国・地獄を描いた絵画はキリスト教に比べて圧倒的に少数です。その中で、インドのタージ・マハルは天国を建築によって表現しようとした例として挙げることができます（113頁図）。また、ムハンマドが

「わが説教壇とわが家の間は、楽園の庭園のひとつ」と語ったという伝承があります。現在ではその「わが家」はムハンマドの墓廟を指し、メディナにある「預言者のモスク」の中にあります。墓廟と説教壇の間が、その庭園にあたるとされています。そこで捧げられた祈りは必ず聞き届けられるという伝承があるため、巡礼客が絶えない場所です(左図)。

タージ・マハル(JANKT 提供)

預言者のモスク(Ali Imran 提供)

バハーイ教の天国・地獄信仰

バハーイ教は，19世紀中頃にシーア派から派生したイスラム系の新宗教です．教団の発表によれば，現在500万人以上の信者が世界に広がっているそうです．伝統的なイスラムから逸脱しているとして，イスラム圏ではしばしば迫害を受けていますが，その天国・地獄思想はどのようなものでしょうか．

バハーイ教では，物理的な場所としての天国・地獄は存在しないとします．クルアーンの天国・地獄に関する記述は，否定しませんが，比喩と見るのです．死後の世界が実際にどうなっているのかは，死ぬまでわからない，それは母親の胎内にいる胎児には，生まれるまで外の世界のことはわからないのと同じだというたとえを使っています．

ただ，死後も魂は永続することは明確に肯定しています．魂は長い旅を続け，母親の胎内からこの世に生まれ出たように，次はこの世＝物質界から精神界に生まれ出るのだといいます．この世で神に近づく努力をしていた人は，死後神に実際に近づくことができ，その状態がいわば天国，そうではない人は死後神から遠く離れるので，その状態が地獄なのだとされています．「(終末時の)復活の日」も比喩的にとらえており，モーセの時代の人々にとっての復活の日はイエスの到来によってもたらされ，その後のキリスト教徒にとっての復活の日はムハンマドの到来によってもたらされたとしています．

輪廻転生は基本的に否定していますが，どこか他の星に生まれ変わることはありえると開祖の息子アブドル・バハーが言ったことがあるとも伝えられています．バハーイ教ではこのような世界観に関する教義解釈はゆるやかなようです．そういった問題にはこだわらなくてもよいという割り切りがあるようです．

バハーイ教は，イスラム，キリスト教，仏教などの主要な宗教はみな根は同じであるとし，それらの融合を図っています．これとは対照的に，排他的なイスラム系の新宗教にアメリカのネイション・オブ・イスラム(ブラック・ムスリム)があります．マルコムXの所属した教団として知られています．とくにキリスト教を敵視するのですが，その理由はキリスト教を白人の宗教と見るためです．白人に差別されてきた黒人はイスラムを信奉すべきだとするのです．

しかし，その天国・地獄観は伝統的なイスラムとはかなり異なります．そういった死後の世界は存在しないとするのです．これは，ひとつには黒人奴隷に強要されたキリスト教が来世信仰の強いものだったことへの反発があるでしょう(奴隷主に従順に仕えれば死後は天国に行けると教えられた)．もうひとつの背景としては，教義が形成される時期，この教団には終末待望が強かったことがあるでしょう．すなわち，白人が支配する今の社会が近いうちに崩壊すると信じられていたのです．その後の社会こそ，黒人にとっては天国であり，それは生きて体験してこそ価値があるとされたのです．

4 仏教の天国と地獄

古代インドにおける他界観

仏教についても、その成立以前のインドでは、人間は死後どうなると考えられていたかというところから見ていきましょう。インドの民族宗教はヒンドゥー教ですが、その前身となる信仰は『リグ・ヴェーダ』を代表とするヴェーダ聖典を中心としていました(バラモン[祭司階級]による祭祀を中心としていたために、しばしばバラモン教と呼ばれていますが、現在ではこれは不適切な表現と見なされています)。紀元前一五世紀にインドにやってきたアーリア人によって担われた宗教です。

インドの宗教は「輪廻」信仰で知られていますが、この最初期においては生まれ変わりの観念はありませんでした。死後、霊が残るとする観念はあり、それはやはり呼吸(prana)に関係するものと見られていました。やがてそれは祖霊として儀礼の対象になり、また霊魂は死者の国に行くと考えられるようになりました。『リグ・ヴェーダ』ではその死者の国は天にあるとされています。

死者の国の王はヤマです。仏教の閻魔《えんま》大王のもとになる神ですが、『リグ・ヴェーダ』の書かれた時期にはヤマは死者を裁き罰する恐ろしい神ではありませんでした。ヤマはもともとは人間、しかも最初の人間であり、天へ至る道を発見し、死後は死者の国を治めることになりました。それは天界の最上部に位置していました。人間が死期を迎えると、ヤマの従者である四つの目と平たい鼻をもつ二匹の犬が送り込まれます。あるいはハト(タカ、カラスとも)も凶兆となります。霊魂はヤマの居所に呼び寄せられ、そこで新たな身体が与えられるとされました。

その死者の国はイスラムの天国に似た楽園です。大樹の涼しやかな陰で、大勢で宴会を開くというものです。イスラムと異なるのは、多神教の民族宗教であり、祖先崇拝を許容し、神を人間に近い存在ととらえるので、死者の国では先に死んだ祖霊と会え、神々と酒を酌み交わすなどとされる点です。宴会の豪勢さもイスラムほどではなく、現世の延長線上にある楽園です。このため、天でも人間には寿命というものがあるのではないか、再び死んだらどうなるのかという議論もあったといいます。他方、日本の民間信仰と異なるのは、霊はひとつにまとまってしまうのではなく、個体として存在し続けている点です。死者は一人一人星

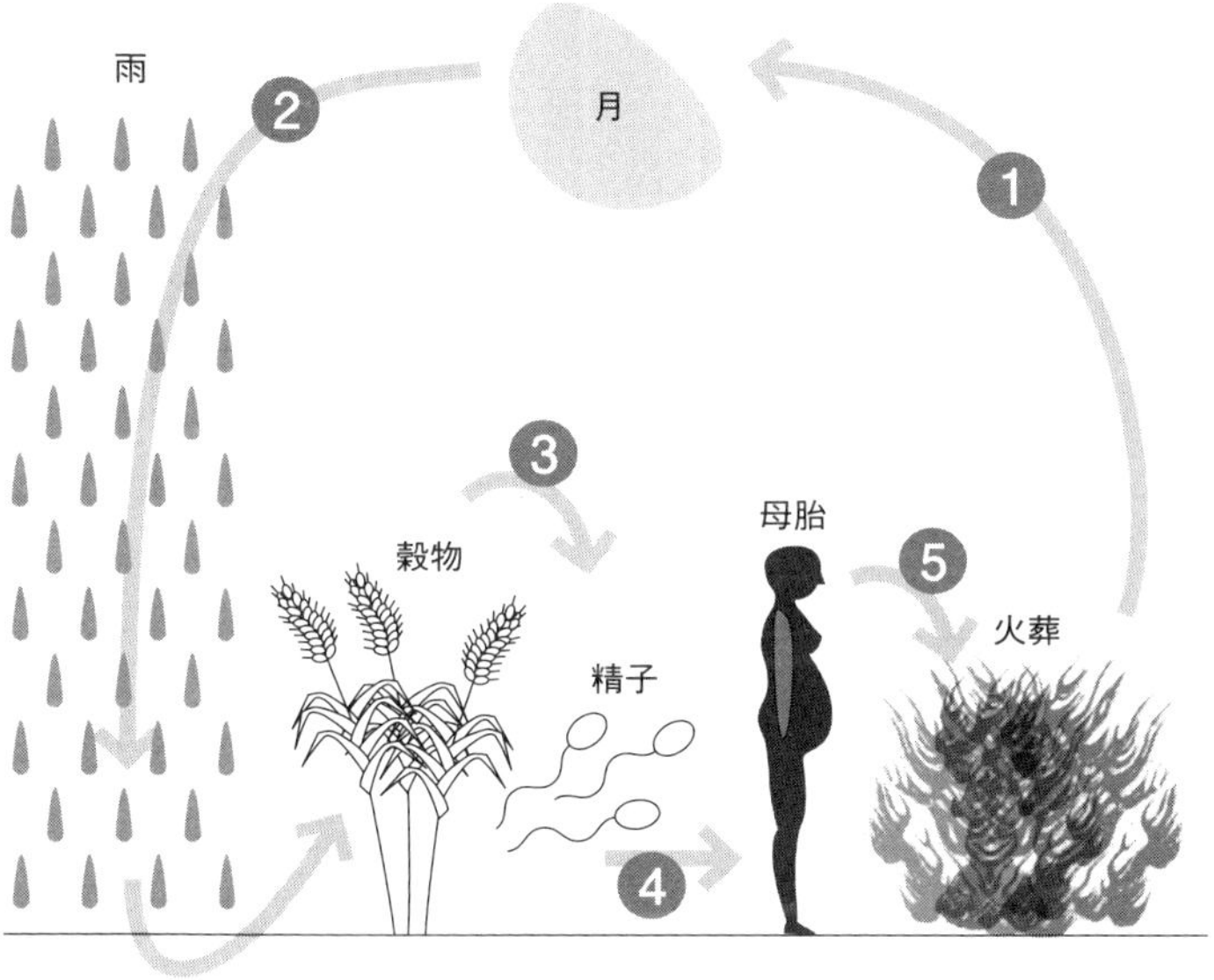

五火説

になるともいわれました。

輪廻思想が登場するのは紀元前八～七世紀頃です。最初に「五火説」と呼ばれる思想が生まれました。これは、荼毘《だび》に付された死者は、煙となってまず月に行き、次に雨とともに地上に下り、大地に吸収されて穀物や野菜になり、それを食べた男性の精子になり、それが女性の胎内に入ると再びこの世に誕生することになるという五段階のプロセスをとって生まれ変わるという思想です（上図）。五火の「火」とは、死者のための祭火のことです。五火説は、輪廻思想のもとが自然の循環の観察にあることを示しています。

紀元前六～四世紀のウパニシャッド哲学において、この輪廻思想は業《ごう》の観念と結びつき、さらに倫理化していきました。すなわち、現世でどのような行いをするかによって、生まれ変わり方に差が出るという考え方に至ったのです。まず、五火説に二道説が加わりました。二道とは「祖霊の道」と「神々の道」です。祖霊の道は一般信者が歩む道で、五段階の生まれ変わりを永遠に続けるというものです。神々の道は修行者や学者が歩む道で、そのような輪廻を断ち切り解脱することができます。

解脱とは、アートマン(自我・霊魂)がブラフマン(梵)に合一すること、「梵我《ぼんが》一如《いちにょ》」の達成です。これはどういうことかといえば、キリスト教やイスラムでも神秘主義の流れでは、到達すべき状態が人間と神の「合一」として語られることが多いのですが、これに非常に近いものです。違いは、キリスト教やイスラムの神は基本的に人格神(人間的な神という意味ではなく、話したり歩いたりする存在であるという意味)であるのに対し、アートマンとブラフマンは一種の力、エネルギー的なものと見なされている点です。霊魂や神を抽象化した形といえるので、ブラフマンにはよく「宇宙を成り立たせている根本原理」という説明がつけられています。ただし観念的なものではなく、エネルギーという形で実在もするので物質的ともいえます。中国の「気」と類似した概念という方がわかりやすいかもしれません。アートマンは個人の内部の力、ブラフマンはすべてのものに満ちている力であり、前者が後者に合流することによって、個としての自我が消滅するため、生まれ変わってこなくなるのです。これは永遠の死というより、不死の生命を得た状態と表現されてきました。

解脱する人は一部で、残りは生まれ変わりを続けます。その場合、前世と現世、現世と来世の間には因果関係が生じると考えられるようになりました。よい行いは幸せな来世を、悪い行いは不幸な来世をもたらすという「業(行為、またその行為が結果を導く働き)」の理論です。そのような幸不幸の結果をもたらす行いには、しかるべき儀礼を行っているかどうかも含まれますが、次第に他人に危害を加えることや盗むことといった倫理に関わる行為が中心になっていきました。この業‐輪廻思想は、紀元四世紀には確立したヒンドゥー教の基礎となりました。

この考え方によれば、現在の自分の状況は、前世から決められていることになります。それは運命論的ですが、先述のアラブ社会の運命論と比べると、「自業自得」というところが違います。すなわち、イスラム以前のアラブの宗教では運命を定めているのは「時」ですが、業‐輪廻思想の場合はその人自身なのです。このため、人生に対してなげやりになることなく、むしろ善行を重ねる努力をすることで、自力で来世の幸福を獲得できるという信仰が生まれました。

キリスト教やイスラムと比べてはどうでしょうか。どちらも、日頃からよい行いを心がけることなくしては、(少なくともストレートには)天国には行けないとすることで、現世での倫理的行為を促しました。その点では業－輪廻思想と共通ですが、違いは来世の運命は一〇〇パーセントその人の行為によって自動的に決まるのではなく、最高決定機関は神であるとするところです。そこが本人にはわからない不確定要素であり、それが大きいか小さいかは学派や宗派によって異なります。なぜかといえば、唯一神教の場合は「神の予定」という観念があるためです。これは、全知全能の神は、この世のできごとをすべて自ら決めているのだという考え方です。神にはできないことはなにもなく、あらゆるものは神の支配下にあるという唯一神教の神観念から必然的に導かれるものです（現代的価値観では人間の自由が重んじられるため、悪印象かもしれませんが、人間がどうなるかは神の思いのままということです）。しかし、「神の予定」を強調しすぎれば、運命論と同じになり、人間としてはよい行いを心がける意味がなくなってしまいます。このため、キリスト教でもイスラムでも、人間には「自由意志」があり、自分の選択によりよい行いや悪い行いをすることができ、その報いとして天国・地獄に分かれるとすることで、その問題を解消しようとしてきました。ただし、人間の自由裁量の範囲を認めすぎると神の力が弱まることになり、唯一神教的ではなくなってしまうため、「いや、人間自身の力で天国に行けるのではなく、最終的には神の恵みによるのだ」とする意見も必ず出てきたのです。そこで、「神の予定」と「人間の自由意志」の割合をどうするか、どこでバランスをとるかがキリスト教やイスラムでは常に争点となっていきました。

これに対してヒンドゥー教では、神々の実在は認められているものの、人間の来世の命運を決定するような存在ではないため、「神の予定」という不確定要素はありません。さらに、あらゆる行為は必ずなんらかの結果(果報)を伴うとすることで、業‐輪廻思想は説明を首尾一貫させることができました。来世でよい暮らしを送ることができるかどうかは、本人の自己責任というわけです。論理的にはすっきりしています。

しかし、ここが哲学と宗教の違いといえますが、論理的に矛盾がないからよいかというと、すべて自己責任という厳しい思想についていける人、日々精進し善行を積める人はそうそう多くはなかったのです。それよりも、人間よりも強い存在にすがることで、助けてもらうという道が魅力をもつことがあり、これがヒンドゥー教の場合は後にバクティと呼ばれる大きな運動になり、仏教の場合も他力本願の思想となりました。さらに、一般の信仰では、子孫が祖霊を供養することによって、あるいはヤマに供物を捧げることによって、祖先が来世で幸福を得るのを助けるともされるようになりました。

もうひとつ、揺らぎが生じたのは、永遠に生まれ変わるのか、それとも天国・地獄のような終着点はあるのかという点です。この問題は仏教においても見解が分かれていきますが、すでにヒンドゥー教に内包されていました。初期には先述のように死者の国は天にある楽園のみとされていましたが、後に天国と地獄が分かれ、ヤマは恐るべき地獄(Naraka「奈落」のもとの言葉。地下の牢獄の意であり、そこから「地獄」の字があてられた)の王となります。そしてヤマは死者を裁き責め苛《さいな》むという信仰が生まれました。

そのヤマは緑(青)色の肌で赤い眼をし、赤い衣を着、手に棍棒と輪縄をもち、水牛に乗る姿で描かれるようになりました(123頁図)。人間を棍棒でうち倒して霊魂を引き出し、それを縄で捕らえて地下に連れていくのです(地上から地下へ霊魂を導くのはヤマの従者の役目ですが、ときおりヤマ自らも出向くので、霊魂を捕らえる道具をもっているとされているのです)。魂は新たな身体を得ますが、それは現世での肉体である「粗雑なる身体」に対して、「微細なる身体」と呼ばれます。インドの宗教には、唯一神教のような肉体ごとの「復活」の観念はありませんが、やはりなんらかの身体がないと地獄の責め苦を受けるというイメージが湧きませんし、説得力もありません。業を担うものとしても身体的なものが必要とされたのです。

裁判はヤマの宮殿で行われます。チトラグプタというお供の神が記録簿を見て死者一人一人の生前の行為を読み上げます。それに基づきヤマが裁きを下し、地獄に送ったり、現世に返して生まれ変わりを続けさせたりします。時代とともに、キリスト教やイスラムと同じく天国・地獄は複数の層からなるという世界観が発達していきます。地獄は罪の種類に応じてさまざまに分かれ、その数は聖典によって七とも二一とも二七ともいわれます(124頁図)。たとえば、金品や他人の妻や子どもを奪った者は「暗黒の地獄」に落ち、飢えと渇きに苦しみつつ鞭打たれます。殺生を悪とするので、それに関する地獄がある点も特徴的です(初期には動物を犠牲[生贄《いけにえ》]として捧げる儀式が行われていましたが、次第に殺生・肉食を不浄とするようになったためです)。たとえば、動物に残酷な仕打ちをし、生きたまま調理した者は、「鍋地獄」で沸騰する油の中で煮られてしまう、無害な動物を殺害し食した者は、「虫の餌地獄」でウジ虫となりウジ虫同士で喰らい合うなどです。

ヒンドゥー教のヤマ像。柔和な顔をしています.
(The Probert Encyclopedia より)

罰はこのように残酷ですが、それは永遠ではなく、地獄はキリスト教の煉獄のように、罪を浄化する場所であるという信仰の方が優勢になっていきました。そして、一般信者にとっては解脱よりも天国がわかりやすい終着点となり、そこに行くことが目指されるようになっていったのです。

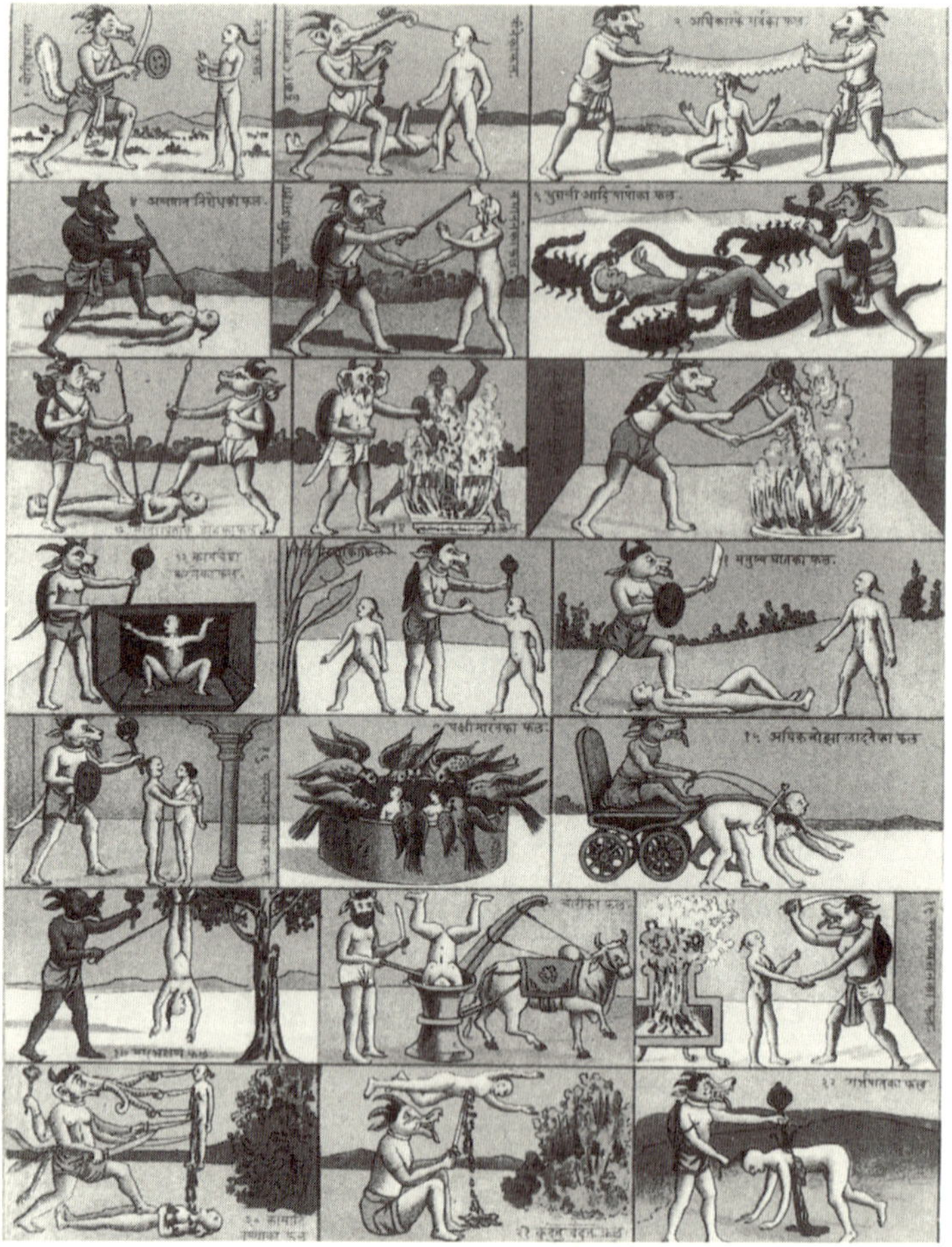

ヤマの21の世界(石上善應氏蔵)

仏教における他界観

①来世についてなにも説かなかったブッダ

仏教の来世信仰はヒンドゥー教のそれと似ているところが多々あります。その原因は、来世や他界の問題は、もともとの仏教の思想にとっては本質的ではなかったことにあります。創始者であるブッダは、死んだらどうなるのか、この世以外に世界はあるのかといったことをあれこれと考えても、悟り・解脱というゴールの到達には役に立たないので、関心を向けなかったといわれています(無記の教理)。

さらにいえば、仏教は哲学的には霊魂の存在に否定的でした。「諸行無常　諸法無我」は、あらゆるものに「実体」はないという思想です。「実体」がないというのは、私たちが日常的にものごとが「ある」と思っているのは、そのように認識させる意識と言語の作用にすぎないということです。それをものごと自体が「ある」のだと錯覚してしまうと、そのものごとに対する執着が生じ、それが煩悩となり、苦しみを引き起こすのだというのが仏教思想(とくに中観派などのインドの大乗仏教哲学)の基本です。この思想を敷衍《ふえん》すれば、死んだ後にも存続する霊魂、個体の「私(自我)」としての霊魂も、「ある」とするのは間違っているとなります。霊魂があるのだと思うことこそ、我執《がしゅう》の始まり、迷いのもとです。悟りは「無我」を瞑想を通して体験的に知ることによって達成されます。これは梵我一如を知ることを悟りとするヒンドゥー教とは対照的な点です。梵我一如は、世界のものごとも自我・霊魂も「ある」ことを前提としたうえで、両者が根本的にはひとつであるという意味だからです。

仏教では悟った状態は、涅槃《ねはん》の境地といわれますが、この涅槃とは天国のような場所ではなく、「煩悩の火を吹き消した状態」を意味するにすぎません。そのあと身体が寿命を迎えれば、それっきりです。楽しそうなゴールではありませんが、苦がゼロになるということは究極の「楽」ですし、すでに執着もないので、寿命が長かろうと短かろうと、気持は最期まで満ち足りているわけです。

ということは、永続する霊魂がないのですから、論理的には輪廻もないはずなのです。しかし、一般信者はヒンドゥー文化圏に生まれ育ったため、生まれ変わりはあると信じていました。仏教徒になってからも、家族が亡くなれば、来世での幸せのために儀礼を求めました。そういったニーズに応えられなかった初期のインドの仏教は、来世に関することはヒンドゥー教に委ねていましたが、次第に自らも輪廻思想を教理に組み込んでいきました。これにより、基本の六道輪廻の思想などは、インド仏教とヒンドゥー教をクロス・オーバーしながら体系化されていくことになりました。

なぜ仏教が途中から輪廻思想を必要としていったかについては、積極的な理由もあります。

ブッダが説いた幸せへの道は、神によって救われるというタイプではなく、真理（悟り）を目指して、煩悩を抑制し日々よく生きる努力を自ら重ねるというものでした。しかし、ブッダの死後（入滅後）、一般信者は次第にブッダを神格化し、仏像を刻み、拝むようになりました。そうなると、多くの民族宗教と同じく、仏に供え物をして病気を治してもらったり、豊作をもたらしてもらったりすればそれで満足だという人々も現れたのです。そのような人々に対して、そんな現世利益は超越して、悟りに向かって邁進せよと説教してもあまり効果的ではないと判断した学者・僧たちは、別の手を打ちました。それは、ブッダの神格化は許容したうえで、来世像を明確化し、来世の幸せがいかに重要かを示すことでした。すなわち、本来の幸せは、よい行いを続けた果てに得られるよりよい来世の生にある、仮りに供え物をして祈った結果、すぐにご利益があったとしても、それは大した幸せではないという論理で、仏教の倫理化を図ったのです。

以上のことは、最初から天国・地獄が関心事であったキリスト教・イスラムとは大きく異なる点です。現世での幸せがゴールではないという点は共通なのですが、代わりのゴールは仏教の場合、当初は天国・地獄的な来世ではなく涅槃でした。それが変化していったのは、出家（僧）を中心としていた仏教が、徐々に民衆に親しみやすい形をとるようになったためでした。

②「六道輪廻」信仰

それでは、古代インドの仏教では、輪廻する先の世界はどのようなものと考えられていったのでしょうか。一般に六道輪廻と呼ばれる中核的思想が、五世紀の『阿毘達磨倶舎論《あびだるまくしゃろん》』などにおいて体系的に説明されています。六道とは、人間が輪廻する先々の六つの世界のことで、上から「天」「人間」「阿修羅」「畜生」「餓鬼」「地獄」と呼ばれます（「阿修羅」を取り五道とされることもあります）（カラー口絵17、18）。人間界（道）は、私たちが暮らしているこの世界のことです。信者は、悟りを開かぬまでも、布施をしたり善行をなしたりと功徳を積めば、死後、天界に再生することができます。

その天界は、先述のヒンドゥー教の天の死者の国と（部分的にはイスラムの天国とも）似たような世界です。すなわち、気候は温暖で光に満ちており、食べ放題飲み放題の宴会があります。天女という美人コンパニオンつきです。

仏教は欲望を否定するというイメージが強いので、ここは意外なところかもしれませんが、ポイントは、仏教ではよい信者であっても天界に永遠に留まることはできないというところです。天界に生まれ変わる原因となった善業を使い果たすと下界に降りなくてはならないのです。つまり、天界に行くというのは、卑俗な言葉で今風に表現してみれば、貯まった貯金

カラー口絵 16
極楽浄土の図(当麻曼荼羅). 中央に阿弥陀仏, その左右には観世音菩薩, 勢至菩薩. その手前には宝池と宝樹. 池に浮いた蓮の華の上には, 極楽に生まれ変わったばかりの人の姿が(下図). 背後には宝楼, その上空には何人もの天女たちが.
(本覚寺所蔵　オリジナルは当麻寺)

カラー口絵 17

チベットの六道輪廻図（六趣生死輪図）．上から右回りに天，人間，畜生，地獄，餓鬼，阿修羅界．

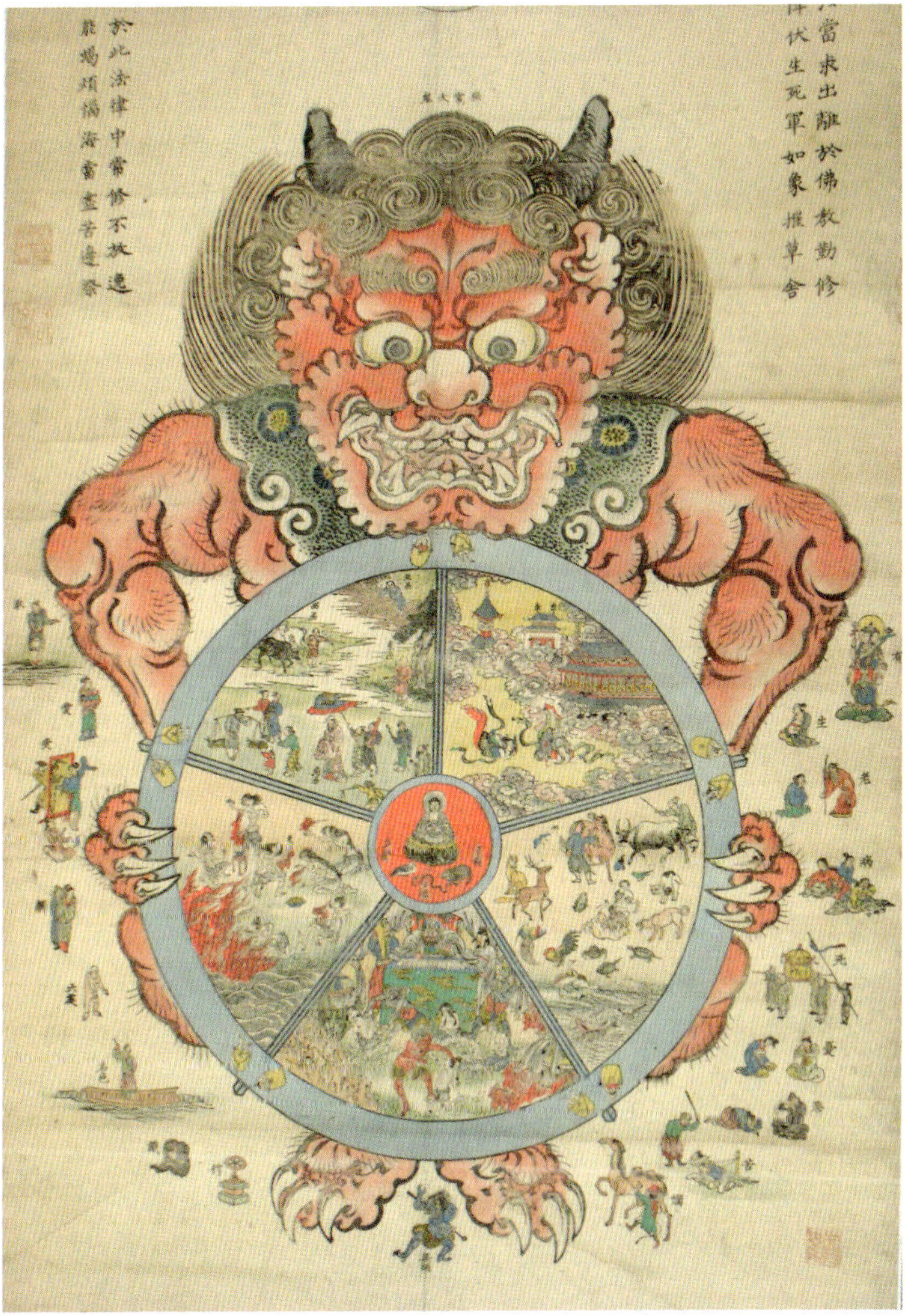

カラー口絵 18

五道輪廻図(五趣生死輪図)．中央は仏．その前に鳩，蛇，猪．貪欲，怒り，愚かさという 3 つの煩悩を象徴．これら鳩，蛇，猪が追いかけあうことで輪が回りだします．五道部分は上右から天，畜生，地獄，餓鬼，人間界．その外側の 12 の絵は十二縁起．輪を抱いているのは無常大鬼．（大正大学所蔵）

カラー口絵 19-1

地獄絵．上から等活地獄(落ちてくる罪人．獄卒に責め立てられ，炎を吐く獣に食われる罪人)，黒縄地獄(縄で筋をつけられ，その通りに断ち切られる罪人，縄の上を歩かされ，落ちると釜で煮られる罪人)，衆合地獄(火車，臼に入れられ，搗かれる罪人)，餓鬼道(餓鬼が器に入った物を食べようとすると，食物が炎を上げるので，食べることができません)．(左右とも大正大学所蔵)

カラー口絵 19-2
上から衆合地獄(右が刀葉林．美女に誘われ刀のような葉のついた木を登っていく罪人．この絵柄の女性は江戸時代の作品になっても常に平安調の十二単姿で描かれます)，叫喚地獄(中央は網の上であぶり焼きにされる罪人)，閻魔王庁(左側は寒地獄)，龍や怪魚が待ち構える海に追いやられる罪人(海の向こうには極楽があるという想定．二河白道のイメージ)．

の重さをはかるもの)，火車と舌を抜かれる罪人(A2)，臼に入れられて搗かれる罪人(B2)などが見えます．女性を救済するための儀式が布橋潅頂会です．まず閻魔堂(C2)で懺悔し，白い布の橋を渡り，姥堂(D3)に籠ります．善人を浄土に迎える阿弥陀仏は2カ所に描かれています(B1，C1)．(大仙坊所蔵)

カラー口絵 20

立山曼荼羅．「立山地獄」(主に A1·2，B2 の部分)「立山浄土・阿弥陀仏の来迎」(B1·C1·D1)「開山縁起」(A3，B2·3，C2，D2)「布橋潅頂会」(C3，D3)の４つの部分に分けることができます．「立山地獄」のなかには閻魔王(A1，左奥は剣山)，女性がおちるとされる血の池地獄(A2)，釜ゆで(A2 上の秤は罪

カラー口絵 21
江戸時代の極楽・地獄図.
日々よい行いをすれば極楽に，悪い行いをすれば地獄にいくということが示されています．（大正大学所蔵）

を下して、しばらくリゾート地に遊びにいく感じ、とたとえられるかもしれません。毎日楽しく過ごせるのですが、資金が尽きたら、また稼ぎに戻らなくてはならないのです。また、天界に行くほど前世でよいことをしたといっても、まだ悟ってはいませんから、煩悩が残っているため、天界での過ごし方によっては、人間界よりも下に生まれ変わることがあります。

このため、天界については、その楽しさ以上に強調されるのは、そこでの幸せもはかないものであるということです。いずれは寿命がきて死なねばなりませんが、そのさまは「天人五衰」と表現されます。衣服が垢で汚れ、頭上の華が萎え、体が汚れて臭いを放ち、脇の下から汗が流れ、自分の席にいたくなくなるということです。天界には、ヒンドゥー教と同じく神々(帝釈天、吉祥天など、通常「~天」と表記される。ヒンドゥー教に原型がある神も多い)も暮らしていますが、その神々でさえ輪廻を免れません(仏ではないので、解脱はしていないのです)。

人間界の下の「阿修羅」は、元来はヒンドゥー教の神ですが、六道輪廻では、憎しみ合い、常に戦い続ける存在を指します。ここから「修羅場」の語が来ています。

「畜生」は動物のことで、場所として特別な動物界があるのではなく、この世で人間とともに暮らしているさまを指します。動物は人間に殺されたり、こき使われたり、他の動物に食べられたり、虫や小動物であればちょっとしたことで潰されたりと、人間よりはるかに苦しみの多い存在として認識されていました。

さらに格の低い「餓鬼」の世界は、通常、物理的にも人間界（地表）よりも下にあるとされます。ここは貪欲な人間が落ちるところです。餓鬼とは、やせて腹ばかりが異様に膨れ、常に飢えと渇きに苦しめられている亡者です。熱に苦しめられ、なにか食べようとしても口は針の穴のように小さいので通らず、あるいは口に食物を近づけると炎に化してしまうといわれてきました。

「地獄」は、初期の経典ではひとつでしたが、『倶舎論』では八熱地獄、八寒地獄、孤地獄の三種の地獄が描かれています。八熱地獄は等活《とうかつ》、黒縄《こくじょう》、衆合《しゅごう》、号叫《ごうきょう》、大叫《だいきょう》、炎熱《えんねつ》、極熱《ごくねつ》、無間《むけん》地獄からなります。無間は阿鼻《あび》地獄（「阿鼻叫喚」の語のもと）とも呼ばれる最悪の地獄です。ただし「無間」の意味は苦しみが絶え間ないという意味で、「無限」に続くということではありません。仏教の地獄は永遠に罰を受けるところではなく、〈刑期〉を終えたら生まれ変わり、輪廻を続けるのです。地獄が六道中最も苦しいのは確かですが、根本的な苦しみは、輪廻を続けること自体です。（補足すれば、前述のように、もともとブッダ本人は輪廻思想に関心はなかったのですが、このようにそれを仏教に取り込んでいく過程で、混乱がないよう、「ブッダは永遠の輪廻転生を苦とし、そこからの解脱によって救われるとした」という一般的な理解が生まれました。）

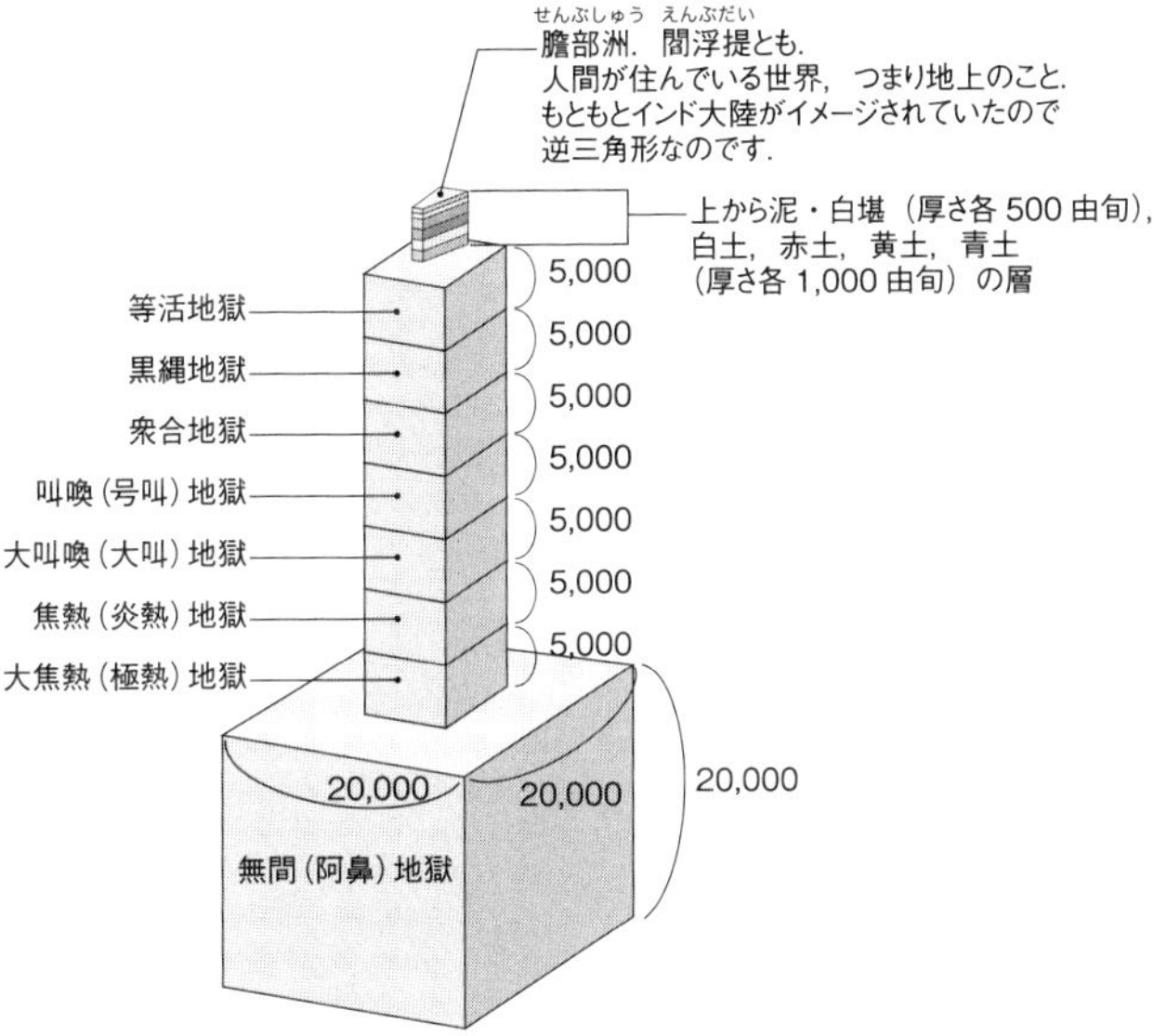

八大地獄の構造（倶舎論などによる）．単位：由旬．
（法蔵館『総合佛教大辞典』の図を元に作成）

八大地獄とも呼ばれる八熱地獄は、日本の『往生要集《おうじょうようしゅう》』にまで引き継がれていきますので、内容は後述するとして、ここではインド哲学らしいといわれるマニアックな分類ぶりに注目しておきます。八つの地獄は層をなし、最上層が等活、最下層が無間で、やはり罪が重いほど下方に行くことになっています。それぞれ形は方形で、四方の壁面にはひとつずつ門があり、ひとつの門の先には四つの副地獄があります。ということは、副地獄の数は一二八、地獄の数は総計一三六です。

八寒地獄には、「あただ」「かかば」「ここば」地獄など、極寒のために罪人が上げる悲鳴がそのまま名称になっている地獄や、皮膚にできものが生じる「あぶだ」地獄

（「あばた」の語源といわれる）があります。他には蓮華の種類を表す三つの地獄がありますが、なぜ仏教では清浄を表すはずの蓮の花が地獄の名称なのかは不明です。孤地獄は文字どおり一人隔離され、孤独感に苦しむ地獄です。

他方、天界もひとつではなく二〇以上に分かれており、しかも欲界に属する天、色界に属する天、無色界に属する天があります。欲界とは欲望をもつ存在の世界、色界とは欲望は離れるが形をもっている世界（自分も形をもち、形ある物体に関わる）、無色界は目に見える形のない世界（物体を超越した精神のみの世界）のことで、合わせて（「女三界に家なし」の）「三界《さんがい》」を構成しています。この最高の無色界でもまだ輪廻の範囲内です。また、天の最下層は須弥《しゅみ》山《せん》という山に位置するとされています。

日本ではこの須弥山よりも「極楽浄土」の方が仏教の他界を表す言葉としては浸透しています。これは、須弥山を中心とする世界観とは別の系列から生まれ、仏教が東アジアに伝播する中で台頭していったものです。

③「極楽浄土」信仰

極楽（サンスクリットの原語「スクヮーヴァティー」は「幸福のある土地」の意）、ないし極楽浄土は、阿弥陀仏が衆生救済のために西方に建設した仏国土です（後代には西ではなく天上にあるという説も）。その信仰は阿弥陀信仰とともに広がっていきました。中国では五世紀までに信仰の基礎となる浄土三部経（『阿弥陀経《あみだきょう》』『無量寿経《むりょうじゅきょう》』『観無量寿経《かんむりょうじゅきょう》』）が訳されました。これらをはじめとする数多の経典をもとに、一〇世紀に源信《げんしん》が来世についてまとめた『往生要集』から、極楽浄土の情景を引用します（カラー口絵16）。

さまざまな宝でつくられた場所それぞれに、七つの宝［筆者注：金、銀、瑠璃、はり、しゃこ、珊瑚、瑪瑙］でつくった五百億の宮殿や楼閣があって、〔それらの〕高さや広さは〔見る人の〕心のままに〔かわる〕。……宮殿のうちや、楼閣のうえには、さまざまな天人がいつも伎楽《ぎがく》をかなで、如来を〔讃えて〕歌をうたっている。……楼閣などの内外・左右には浴み〔のできる〕さまざまな池があり、〔その〕黄金の池の底には水晶の砂が〔しかれ〕、白銀の池の底には黄金の砂が、水晶の池の底には瑠璃《るり》の砂が、瑠璃の池の底には水晶の砂が〔しかれている〕。……八つの功徳をそなえた水がそのなかに満ちみち……。［筆者注：八功徳水は、甘くおいしい清らかな水で、飲むと健康になる］

種々の宝の花が池一面をおおっている。青い蓮には青い光があり、黄色い蓮には黄色い光があり、赤い蓮、白い蓮にもそれぞれの光があって、微風《そよかぜ》が吹いてくると、華の光が乱れ動く。……

池の畔や河の岸には栴檀《せんだん》の樹があるが、〔その〕列と列はあい触れ、葉と葉とあい連なり、赤銅色の葉、白銀の枝、珊瑚の華、硨磲《しゃこ》の実〔といったように〕、一種だけの財宝か、あるいはとりどりの七種の財宝でつくられた、枝や葉や、華や実で、厳《おごそ》かに晴れやかに飾られている。軟らかな風が時おり宝の樹々に吹いてくると、〔樹をかざっている〕宝玉をちりばめた網（羅網《らもう》）が微かにゆれて、美しい華が音もなく落ちる。風につれて馥郁《ふくいく》とした香《かお》りがあたりにただよい、水にまじって香《かお》りを流す。そのうえ、なんともいえない美しい音をたて……

もし食べたいとおもうときは、七つの宝でつくられた机が自然に前にあらわれ、七つの宝でつくられた食器においしい食べものがいっぱいはいっている。〔そのおいしさは〕この世の味とちがい、また天上の味ともちがう。香りのよさはたとえようがなく、酸い甘いの味加減は思いのままである。……たべおわると同時に、力が身にみなぎる。食事が終ると、消えてなくなり、時がくると、またあらわれる。……衣服がほしいと思うと、思いどおりにすぐえられる。……また〔ここでは〕光があまねくゆきわたり、日や月や燈火がいらないし、冷たさと暖かさとがほどよく調和して、春夏秋冬の差もない。……毎日、朝には〔風に〕吹かれて散る、美しい華が浄土に満ちみち、高い香りがたちこめ……

（石田瑞麿訳『往生要集』平凡社東洋文庫）

このように、木々が茂り、花が咲き乱れ、水が豊富で、まばゆい宮殿があり、衣食住が満たされといった基本的な描写は、六道の天界と同じです（ただし、天界とは比べものにならないほど豪華で美しいとされています）。ということは、ヒンドゥー教の死者の国、さらにはイスラムやキリスト教のオアシス的天国ともあまり変わらないということです。もちろん自然環境も文化も、中東と日本では大きく異なりますので、池の水は乳や蜜と表現される代わりに、澄んだ軽い水である八功徳水となっていたり、花については咲き誇るさま以上に、散るさまの美しさの描写に重点が置かれていたりといった細部の違いはいくつもあります。それでも、楽園を構成する基本的要素は驚くほど似ているため、こういった来世の表象はすべて西アジア（ゾロアスター教）にある原型を模倣したものだという説もあるほどです。

しかし、イスラムやキリスト教の天国と仏教の極楽には、宗教的特質に由来する大きな相違点もあります。最も重要な違いは、極楽は最終ゴールではないということです。仏教の目標は、あくまで悟りを開き、涅槃の境地に至ることなのです。したがって、極楽に行った人たちは、ただ遊んで暮らしているわけではありません。阿弥陀仏の説法を直接聞いてよく勉強し、三昧《さんまい》のような瞑想修行を積んで、一人一人悟りを目指すのです。

極楽というと名前からして「楽ができる」というイメージが強いので、このことは知らない人が多いかもしれません。あえて現代社会の例にたとえてみれば、極楽というのはレジャー満載のリゾート地というより、勉強に専念できるすばらしい環境と設備が完備された、最高の先生つきの、特別進学クラスという方が近いでしょう。すぐれた修行僧は、俗世にいながら自力で悟りに至ることができますが、多くの人にはそれは不可能です。そこで、普通の人は念仏という簡単な方法で功徳を積むことにより（さらに、鎌倉時代以降の浄土宗では、阿弥陀仏の慈悲という完全な「他力」により）、極楽に生まれ変わってから、修行にとりかかるというわけです。

極楽では、もと凡人であっても欲のない状態、いわば優等生気質に変化していますから、落ちこぼれること（＝六道輪廻に逆戻りすること）はありません。意欲も十分で、悟るための勉強はまったく苦にならず、仏のありがたい説法を聞けるのが嬉しくてしかたがないのです。このため、個人差はあっても誰でも必ず悟ることができます。こうして輪廻している全人類は、念仏という救済の道を知ることにより、いつの日にか極楽に生まれ変わり、そして悟り、仏になります。最後の一人が悟りに到達したら、極楽は用済みになりますので、阿弥陀仏が片づけるということになっています。つまり、極楽は天国と違って永遠に存在するわけではないのです。

もっとも、存在する期間や目的は違うといっても、感覚的な満足よりも精神的・知的喜びの方が上位に置かれるという点は、唯一神教の天国についても極楽についてもいえることです。極楽でも娯楽は皆無というわけではなく、『往生要集』には人々は「心のままに遊びたわむれている」と書かれています。ただし、平安時代の書ですから、遊びといっても舟遊びや楽器を奏でるといった貴族の風雅な遊びに描写は限られています。そして、そういった楽しみに優る楽しみは、阿弥陀仏のおつきの菩薩たちに会えることや、仏の教えを聞くことや、仏を供養すること、そして究極的には、自ら仏道を推し進めることであることが説かれています。

もうひとつの天国との大きな違いは、似たような場所が他にもあるという点です。現在は極楽という言葉と浄土という言葉を同義で使うことも多いのですが、極楽浄土というのは阿弥陀仏の浄土(仏国土)のことです。極楽は西にあるのに対して、東には薬師仏、南には釈迦仏、北には弥勒仏の四方浄土があり、さらには十方浄土といった数々の浄土があります。というのも、唯一神教の神とは異なり、「仏」は悟った人のことですので複数名存在しており、その一人一人が後続の人間たちを助けようと浄土を設けたのです。仏道の先輩である先生ごとに特進クラスがあるというわけですが、そのうち阿弥陀仏の極楽浄土が最も有名になりました。

他の相違点としては、先の引用に現れているものでは、食べ物などは召使が給仕するのではなく、自動で現れたり消えたりするというのも、小さな点ですが、宗教の違いを反映していると考えられます。というのも、唯一神教では、超自然的な不思議なわざを行うのは神のみでなくてはならないとされるため、このような「魔法でパッ」的現象はあまり合わないのです。

これに関連することですが、浄土では人間は神通力を得るともされています。どこへでも瞬間移動する能力や、千里眼といった超能力です。神通力はただ意味もなく身につくのではありません。これを駆使して、輪廻転生を続ける家族や知人が浄土に来られるよう、自ら助けに行くのです。このように、来世にいる人間が現世の他の人間を救う手助けをすることができるというのも、唯一神教とは大きく違います。

身体も浄土では変化し、老・病・死を経験しないのはもちろんのこと、全身が金色に輝くようになります。唯一神教でも、天国の人間は完全なる身体を手に入れ、そのモデルは、キリスト教ではイエス(とくに年齢に関して)、イスラムではアダムでした。仏教では、モデルは仏の身体です。興味深いことに、キリスト教やイスラムでは年齢や身長が大きな関心事になったのですが、仏教では関心が払われるのは主として体のパーツです。極楽に生まれ変わると、仏としての三二の相が身に備わるのだといわれているのです。たとえば、頭頂にコブのような隆起ができます。眉の間には光る白い毛(白毫《びゃくごう》)が生え、右回りにカールします。顔

チベット仏教の天国・地獄信仰

チベット仏教の中心地はラサ市のポタラ宮ですが，このポタラとは観音菩薩が住む聖山(補陀落)を意味します．それは一種の浄土です．大乗仏教であるチベットの仏教では，日本と同様，阿弥陀仏の極楽などの浄土の存在が，輪廻転生とともに信じられています．

また，臨死(幻視)体験により地獄めぐりをしたという記録が民間文学の形で存在しています．「デロク(“デ”は“死”，“ロク”は“蘇り”の意．蘇った人のこともデロクと呼ぶ)文学」と呼ばれています．これも目的としては，地獄の恐ろしさを人々に伝え，善行を説くことにありますが，デロクには女性が多い点が特徴的です．ほとんどのデロク文学は，次の共通パターンを踏襲しているといいます．

①祈り

②デロクの名前や生い立ちの紹介

③地獄めぐりの予兆

④死とその自覚

⑤地獄に着くまで

⑥地獄の描写(18の地獄と餓鬼界を訪れ，罪人たちからなぜそのような拷問を受けているのかを聞き，それぞれの家族への伝言をもらう)

⑦閻魔王に会う(数人の死者の裁きを見たあと，デロクも裁判を受け，地上に返されることになる)

⑧蘇る(死者や閻魔王からの伝言を人々に伝える)

1990年代に日本で話題になった『死者の書』は，僧侶が死者の枕元で読む経で，生まれ変わる前に輪廻を断ち切らせる効果があるとされているものです．断ち切れなければ六道の中で輪廻を続けます(カラー口絵17)．

チベット原産の犬に，狛犬の原型となったといわれるシーズー犬がいます．民間信仰には，寺にいる犬は，修行にあまり熱心ではなかった僧侶たちが生まれ変わったものだという話があるそうです．日本の狛犬は主として神社にある像ですが，チベットの僧侶たちは，生きた小犬を飼っているのです．

の輪郭は丸くふっくらとし、光沢が出て、柔和な感じになります。身体の横幅と厚さが同じ長さになり、肉づきがよくなります。一言でいえば、仏像（とくに座った阿弥陀仏の姿）の体形になるということなのです。現代のファッション・モデルの体形とは対照的ですが、これが最も端正で美しい姿とされていました。

この身体の描写は、キリスト教やイスラムに比べると非常に詳細です。その理由として考えられるのは、ひとつは偶像崇拝の禁止がないため、具体的に描くことができるし、また教化のためには描く必要もあったことです。他の理由としては、仏の姿は（現世での）観想の修行においてイメージする必要があったのです。その場合、全身を漠然と思い描くのではなく、パーツごとにどうなっているかを細かく観想するため、浄土にいる人間の身体の描写も、それに伴い詳しいものになっていったと考えられます。

④八大地獄の内容

地獄は六道輪廻の一部であり、極楽浄土信仰よりも前から存在した観念ですが、次第に極楽と対概念になり、現在に至っています。地獄－極楽の対比を確立した書である『往生要集』にしたがって、八大地獄がどのような場所と説かれるようになったかを見ていきましょう（カラー口絵19－1、－2）。

八大地獄は、それぞれ前世で犯した罪に対応していますが、一対一対応というより、一種類ずつつけ加わる形になっています。

最初の等活地獄には、殺生を犯した者が堕ちます。罪人同士も傷つけ合いますが、獄卒(地獄の鬼)に打ち砕かれたり切り裂かれたりし、しかも一度そうなっても涼しい風が吹くともとに戻るので、何度も同じ苦しみを受けます。等活とは「同じようによみがえる」(ことによりまた罰を受ける)という意味です。

等活地獄の副地獄には、屎泥処《しでいしょ》(極熱のどろどろの屎を食べさせる)、刀輪処《とうりんしょ》(灼熱の鉄や両刃の刀が雨のように降り、刀の林がある)、瓮熱処《おうねつしょ》(鉄の瓮《かめ》の中で煎る)、多苦処《たくしょ》(何万億という種類の苦しみがある)、闇冥処《あんみょうしょ》(真っ暗なところで闇火で焼く。猛風と金剛石の山の間にはさみ、すり砕き、切り裂く)、不喜処《ふきしょ》(大きな火炎が燃え盛り、炎を吐く鳥や犬・狐に食われ、虫が骨の髄まで侵す)、極苦処《ごくくしょ》(崖の下で鉄の火で焼かれる)などがあります。

一見して、もうこの最初の地獄と副地獄だけで、地獄の罰や苦しみは出尽くしているのではないかと思うほど多彩で、しかも体系的に役割分担されてはいないことに気づきます。とくに何万億の種類の苦しみがあるという多苦処だけで、総計一三六の地獄をすべてカバーできるのではないかと思ってしまいます。また、罪の種類と受ける罰は、対応しているところもあればしていないところもあります。たとえば、生きものを殺して煮て食べた者は瓮熱処に行くというのは比較的対応していますが、屎泥処に行くのは鹿や鳥を殺した者とされています。また、罪の描写が、一般から特殊へと進むのではなく(たとえば、殺生→食べるための動物殺害→残虐行為を楽しむ動物殺害というような順序ではなく)、いきなり妙に限定された行為が列挙されています。たとえば、多苦処に落ちるのは、縄で人を縛ったり、杖で人を打ったり、人を遠いところまで追い立てたり、険しい崖から突き落としたり、煙をくすぶらせて人を悩ませたり、子どもを怖がらせたりと、いろいろ人を悩ました者すべて、とされています。

このように記述に体系性や一貫性がないのは、ダンテの『神曲』のように、ひとつの文学作品として創作されたものではなく、先行するさまざまな経典から集めた情報をまとめたのが『往生要集』であることによるところが大きいでしょう。闇冥処には、羊の口と鼻をふさいで窒息させたもの、亀を二つの瓦の間にはさんで押し殺した者が落ちるという、これもまた特殊な罪状が書かれています。依拠した経典が書かれたインドではなんらかの文化的意味をもっていたのかもしれませんが、そもそも羊を飼うことがなかった平安時代の日本人はどのように受け止めたのだろうかと思う箇所です。

同じ等活地獄の中だけでなく、他の七つの地獄とも懲罰は体系的には割り振られておらず、むしろ似たりよったりの部分が大きく、段階的に厳しくなっているのかどうかは懲罰の種類からはよくわかりません。おそらくそのために量によって差異化を図ろうとしたのか、各地獄では、その前の地獄の一〇倍の苦しみが待ち受けているということが明記されています。

第二の地獄からは、大地獄と、後世有名になる副地獄に絞ってざっと見ていきましょう。黒縄地獄では、罪人は熱い鉄の墨縄で体に縦横に墨の筋をつけられ、熱い鉄の斧でその筋どおりに断ち切られます。また、鋸や刀で細かい断片にされます。熱い鉄の縄に絡まり、焼き焦がされます。そうかと思うと、山と山の間にかけられた縄の上を歩かされ、下の釜に落ちるとその中で煮られます。ここは殺生をし、盗みを働いた者が落ちる地獄です。

衆合地獄では、牛頭《ごず》・馬頭《めず》(牛、馬の頭をした鬼)が鉄の山と山の間に罪人を追い込むと、山が両側から迫ってきて体を砕きます。また、鉄の山が空から落ちてきて潰されたり、鉄の臼の中で鉄の杵で突かれたりします。鬼や獅子・虎などのけものに食い荒らされます。熱い溶けた赤銅の川に投げ込まれます。有名なのはこの地獄にある刀葉林です。刀のような葉のある木の上に、美女がいて、罪人を誘惑します。罪人はその木を登っていきますが、葉が刺さり、体中がズタズタになります。それでも上まで登り終わり、あの女性はと見ると、女性はいつの間にか地上に下りていて、また罪人を誘惑します。そこで罪人はまた体を切り裂かれながら下って行きます。地上に下りると、また女性はまた木の上にいます。これを計り知れないほど繰り返すというものです。この地獄には、殺生、窃盗のほか、邪淫にふけった者が落ちるとされています。

叫喚地獄では、鬼が鉄の棒で打ち、熱い鉄の地面を走らせたり、熱い炒り鍋に入れてあぶったり、釜で煮たりします。また、猛火を放つ鉄の部屋に追い込んだり、煮えたぎる銅を口から流し込んだりします。ここに落ちるのは、殺生、窃盗、邪淫を行ったほか、酒を飲んだ者です。酒はただ飲むだけでなく、水増しして売った者や、他人に酒を飲ませて酔わせ、からかった者も、ここの副地獄に落ちるとされています。

次の大叫喚地獄については、なにがあるのかは副地獄に関してしか書かれていません。そこは殺生、窃盗、邪淫、飲酒のほか、嘘をついた人が落ちるところなのですが、副地獄では、熱い鉄の針で唇と舌を刺し通されます。また、鬼が鉄の金ばさみで罪人の舌を抜きます(『往生要集』では嘘つきの舌を抜くのは閻魔ではなく鬼だということです)。

焦熱地獄では、鬼は罪人を熱い鉄の棒で打ったり突いたりし、肉団子のようにします。あるいは、鉄鍋の上であぶります。さらに鉄串を突き刺し、あぶります。また、鉄の釜に入れます。この地獄はとくに熱いので、ここの罪人から見れば、それまでの五つの地獄は霜か雪のようだとされています。この地獄には、殺生、窃盗、邪淫、飲酒、妄語のほか、邪《よこしま》な考えをいだいた者が落ちます。

次の大焦熱地獄については、どのようなところかは書かれていません。ここには、殺生、窃盗、邪淫、飲酒、妄語、邪見の罪を犯したほか、尼僧を犯した者が落ちます。その副地獄には、慎み深い信者の女性を犯した者や、僧侶でありながら女性を誘惑した者が落ちます。

最後の阿鼻地獄は最も恐ろしいところとされ、ここに落ちていくときには二〇〇〇年かけて逆さの状態で落ちるのだとされています。ここでも猛火や煮えた銅の責め苦が描かれていますが、新たに強調されているのは強い悪臭です。また、モンスター的な犬、大蛇、一八本の角のついた牛の頭が八つある鬼なども登場します。この地獄には、五つの最も重い罪（父を殺す、母を殺す、阿羅漢を殺す、仏の身体を傷つけて血を出させる、教団の一致和合を破壊して分裂を起こさせる）を犯し、因果の道理を否定し、大乗仏教を誹謗した者、また僧侶であるのに四つの重要な戒を破った者（淫欲にふける、盗む、人を死に至らせる、悟りを得たと偽る）、不当に信者の施しを受けながら、のうのうと暮らした者が落ちます。

以上が八大地獄の概要です。原文では、たとえば鉄串を体のどこからどこまで刺すとか、より詳細でグロテスクな表現がとられています。「唯一神教は好戦的だといわれるけれども、地獄の描写にかけては、仏教の方が執拗で、暴力的なのではないか」と感じた人もいることでしょう。確かに、三大宗教の地獄を比較する場合、「どれが最も残酷か」というのは興味を引くポイントかもしれませんが、これに答えを出すのは容易ではありません。『往生要集』や、それが基づく経典の地獄描写が、聖書やクルアーンに比べて詳しく、必然的に残虐な印象も強く与えるのは、それらの経典は仏教が興ってから数世紀を経て書かれていること、つまり「地獄とはどのようなところなのか」に関する知的関心が高まってからのものであることが大きいでしょう。『往生要集』は、日本ではよく『神曲』と並べられますが、前述のように異なる性格の書ですので、見比べても、それだけで仏教とキリスト教の地獄はどちらが残酷かを判断することはできません。

ということで、ここでは残酷さの「量」ではなく、他の特徴において三大宗教の地獄を比較してみましょう。大きな点は、前述しましたが、仏教の地獄の罰は永遠ではないということで、この点はイスラムの地獄に似ています。とはいっても、〈刑期〉は長く、一番短い等活地獄ですら五〇〇年(しかも現世の時間よりも数十倍長い地獄の時間での表記)、阿鼻地獄では一中劫(何年として換算できるのかよくわかっていないほどきわめて長い時間)です。途中でも、家族が現世で罪人のために念仏を唱えれば、地獄を脱することはできるのかというと、『往生要集』では、一二番目の黒縄地獄の段階で、「家族も救うことはできない」と明記されており、厳しい処置となっています。

閻魔王については『往生要集』にも言及がありますが、この裁判官は、最後の審判を行うキリスト教 - イスラムの神とは重要な相違点があります。閻魔王は地獄にいるという点です。つまり、地獄・極楽に道が分かれる手前にいて、死者を裁いてどちらかに割り振るのではなく、すでに地獄に来ている罪人に対して、その罪の重さに応じて行き先の地獄を八つの中から決めるのが役目なのです。なんらかの事情で、ある死者が無実だとわかって現世に送り返すという話は『日本霊異記《にほんりょういき》』などにありますが、一人一人について極楽に行く資格があるかどうか調べるという設定にはなっていません。このことが示唆しているのは、死者を地獄・

閻魔王の図(中国). 頭上「第五殿閻魔王」とあるのは, 中国で始まった十王信仰により, 閻魔は五番目(死後35日目)に裁くとされているためです. 左側に, 鏡(裏面)が置かれ, そこに映された生前のさまざまな行いが〈吹き出し〉の形で描かれています. 下半分は地獄の拷問の図です.

極楽に割り振るのは、閻魔王のような人格神的存在ではなく、善業・悪業という原因自体だということです。いいかえれば、輪廻の法則の方が、閻魔王のような神よりも高次に位置づけられているということです。あらゆるものごとを超越しているとされる唯一神教の神との違いです。キリスト教とイスラムの最後の審判の描写では、しばしば〈秤〉が登場して、善行・悪行の量を計測し、天国行きか地獄行きを決定しますが、閻魔王の傍らにあるのは大きな〈鏡〉だといわれます。そこにその人が生前に犯した罪がどのようなものであったのかが映し出されるのです。すなわち、量以上に種類が裁判の判断材料として重要であることが暗示されています（147頁図）。

他方、多くの人が意外に感じるのではないかと思われる点もあります。『神曲』では、地獄の最下層に落ちるに値する最大の罰は、殺人などではなく、ユダがイエスに対して行ったような裏切りでした。また、キリスト教を脅かすムハンマドは地獄に落ちていると記されています（この記述のために、『神曲』はイスラム圏では問題視されてきました）。イスラムでも最大の罰は宗教的な偽善でした。『往生要集』からは、仏教でも、仏教を否定した者や偽善的な僧は最悪の罪人であるという考えがうかがわれます。現在は、仏教は唯一神教ほど厳格ではないというイメージが強いので、ここは新鮮かもしれません。

同じく、キリスト教やイスラムは自殺を禁止し、自殺者は地獄に行くとしてきたが、他方日本の宗教や文化は自殺を禁じないので、日本では自殺率が高いという比較はよく耳にします。しかし、『往生要集』には自殺者は黒縄地獄の副地獄に行くと書かれています(「すべてを投げだして岸から身を投げて自殺した者」という表現になっており、これが特定の種類の自殺のみを対象にしているのかどうかは不明ですが)。自殺者は地獄、という考え方は仏教でもゼロではないようです。

また、同性愛も(保守派の)キリスト教やイスラムでは地獄行きに値する罪と見なしているが、仏教は伝統的に寛容だという対比もよくなされています。ところが、『往生要集』では男色にふけった者は衆合地獄に落ちるとありますので、これに関しても、唯一神教と仏教の単純な対比は禁物であることがわかります。

女性差別についてはどうでしょうか。どの宗教でも女性は男性より冷遇される傾向があります。イスラムには、地獄に落ちる人は、男性より女性の方がはるかに多いという伝承があります。女性は頭がよくないので、イスラムの教えを十分に理解できないのがその原因だとされています。仏教には、女性専用の地獄というものがあります。『往生要集』には出てきませんが、中国で書かれた『血盆経《けつぼんきょう》』に基づく血の池地獄です。女性は出産や月経の血で地を汚すので、死後血の池に落ちるという信仰です。こうなると能力いかんの問題ではなく、女性は女性である限り地獄に行かねばならないといっているのと変わりません。血を不浄なものとする民間信仰と結びついて生まれた信仰ですが、現在では強く批判されています。

⑤軽くなる地獄の罰

『往生要集』の生々しい地獄の描写は当時の人々に多くの衝撃を与えました。さらに一一世紀半ばから末法思想が深まり、浄土信仰はますます盛んになりました。仏教の末法思想とは、ブッダの死後(入滅後)二〇〇〇年経つと仏教が衰退する末法の時代になるという予言を指します。唯一神教の終末思想とは異なり、ある時点でこの世が終わるということではないのですが、社会不安と連動して広まりました。これにより浄土信仰が盛んになったのは、末法の世では修行をしても悟りを得られなくなるといわれたので、念仏により極楽に行くしか救いの道がないと考えられたためです。次々と阿弥陀仏、阿弥陀堂が建てられ、地獄絵、地獄草子が描かれていきました。

しかし、これもキリスト教、イスラムにも通じることですが、『往生要集』のようにあまりに厳しく恐ろしい地獄が説かれると、ついていけないという信者が増えるため、さまざまな緩和策もまた出されていきました。とくに仏教の地獄は殺生に対して厳しいのですが、武士、漁・猟師など、仕事柄、殺生は不可避だという人々もいたため、仏教が広がるにつれて信仰も変わらざるをえませんでした。そのような人たちを対象に、鎌倉時代になると、法然《ほうねん》

天国がある山，地獄がある山

山を神聖視する信仰はさまざまな地域に存在しています．仏教が伝来する以前の中国の伝説上の聖山に崑崙があります．現実にもチベットと新疆《しんきょう》ウイグル地区の境に崑崙山脈が存在しますが，伝説上の崑崙は西の果てに位置し，死者の霊が集まるところとされていました．時代が下るにつれ，天と地をつなぐ特別な山として，天帝がその頂に神々の都を作っていると伝えられたり，仙女西王母が住まうパラダイス的庭園があると伝えられたりしていきました．山は魔物や弱水（物を浮かべる力のない水）の川によって守られていますが，生きた人間が頂上まで登り，そこに生えるモモの実を食べれば不老不死になるという伝承もあります．

日本にも「極楽山」という名称の山や地域は存在しますが，不思議なのは「地獄谷」のように山に地獄があるという信仰の方でしょう．祖先の霊が山に行くという信仰と仏教が結びつき，いつしか山に地獄があるとイメージされるようになったのです．中世の地獄草紙や近世の立山曼荼羅（カラー口絵20）では，地獄の景観（つまり地獄絵の背景）が山岳として描かれています．

地獄谷は野猿の温泉で知られる長野県のもののほかにも各地に存在します．観光と結びついて新たに発達したものもあり，たとえば，北海道登別市の地獄谷には機銃地獄・鉛地獄・鉄砲地獄・大地獄・竜巻地獄・昭和地獄・涙川虎地獄・釜地獄・オハツ地獄・大砲地獄・奥地獄などの名称の地獄があります．

長崎県雲仙地獄（Chris73 提供）

（浄土宗）や親鸞《しんらん》（浄土真宗）が、源信の時代の念仏行よりもさらなる易行として、念仏を唱えれば阿弥陀仏が六道から救って浄土に送ってくれるという「他力念仏」の信仰を推し進めていきました。

また、同じく鎌倉時代に広がっていくのは、中国由来の十王信仰です。これは、閻魔王の他に地獄には九人の裁判官がいて、一〇回裁判を行うというものです。それらの裁判に合わせて、現世の家族は、死者の罪が軽くなるよう追善供養を行います。裁判は七日ごとに行われるとされることから、現在も続く初七日、四十九日という七の倍数の日に法要を行うという習慣が生まれました。（つけ加えれば、死者が裁判の前にすでに地獄に来ているという、先述の整合性の問題は徐々に調整され、十王は「中有《ちゅうう》」という極楽でも地獄でもないところで裁判を行うのだと考えられるようになりました。）

さらに、閻魔王は地蔵菩薩と重ね合わされるようになります（他の九人の地獄の王も菩薩や如来の仮の姿だといわれていきます）。つまり、閻魔王は人々を苦しめるのが好きなのではなく、彼らの悪業を消滅させるのを助けているのだという解釈が主流になっていくのです。閻魔自身、日に三度、溶銅の白熱した汁を飲み、悶絶するような自省的な存在であり、すべての人間が極楽に救われた暁には、地蔵菩薩になるといわれるようになりました。

個人単位の救済という三大宗教の特徴も薄まっていきました。家族による追善供養もその

賽の河原の子どもたちを救いにきた地蔵菩薩.（本覚寺所蔵）

表れですが、夫婦は二世の契りで、極楽では同じ蓮の台の上に座るという信仰も生まれました。家族のつながりを重視する傾向は、日本では「賽《さい》の河原」信仰にも表れています。幼くして死んだ子どもたちは、親に先立ったという親不孝の罪の報いとして、河原で石を積み続ける罰を受けるとするものです。石を積むのは親のためで、このように子どもが親の幸せために死後努力するというのは、キリスト教にもイスラムにも見られなかったことです。この子どもたちも最終的には地蔵菩薩に助けられるとされています（上図）。

⑥極楽・地獄は「実在」するのか「方便」か

唯一神教では、近代化や神学上の合理主義的な展開とともに、天国や地獄の実在を否定する流れが生じていきましたが、仏教ではそもそも極楽や地獄信仰は後からつけ加わったものなので、社会が近代化する以前からそれらの実在性に関する解釈は学問上は微妙でした。極楽信仰は宗派的にも浄土系に限られますので、なおさらでした。

地獄・極楽のさまをリアルに語った源信ですらも、『往生要集』の最後のところでは、「厭うべき現世（穢土《えど》）」対「すばらしい極楽（浄土）」という二分法を乗り越えなければならないこと、極楽も「空」であること、いや「有」でも「空」でもないと観じるのが究極の真理であることを説いています。つまり、最初の地獄や極楽の描写は、読者を真理に誘うための「方便」だったという位置づけなのです。方便というのは、一般信者にわかりやすく教えを説くための工夫で、本当の真理ではないのです。

とはいえ、それはまた浄土は「ない」とするのとも異なるようです。源信は極楽を目指す仲間と結社を組織し、臨終間際のメンバーを囲み、地獄が見えるか、極楽が見えるかと尋ねたといいます。これも一種の幻視体験です。地獄の火が見えた場合は、消えるまで皆で念仏を唱え続けました。また、死んだメンバーは、地獄や極楽の様子を生きている仲間になんらかの方法で伝える約束にもなっていました。その記録である「過去帳」には、源信自身が死後、仲間に報告をしたという記述があります。それによれば、源信は自分が極楽にいるのかどうか確信がもてない、なぜかといえば阿弥陀仏を取り巻く人の輪のかなり端の方にいるからだと語ったそうです。この話は、源信の謙虚さを表しているのでしょうが、極楽にもキリ

上座部仏教の天国・地獄信仰

南伝仏教ともいわれる，スリランカや東南アジアの上座部仏教では，天国・地獄信仰はどうでしょうか．大乗仏教の浄土信仰のようなものはないので，修行者となり悟りを開くまでは輪廻転生を続けます．したがって，上座部仏教では，天国(正確には天)や地獄は六道の中のものです．

2004年のスマトラ島沖地震の後，津波被害に遭ったタイ南部で，海岸地帯で幽霊を見たという現地の人たちが続出しました．集団トラウマ現象と判断され，医療チームがカウンセリングにあたっていると報道されました．目撃された幽霊たちはほとんどの場合，被災時にプーケット島などのリゾート地にいた「外国人」だったと語られています．死亡者にはタイ人も大勢含まれていたのですが，そのような地元の人たちは，家族・親族がしかるべき方法で葬儀・供養を行ったため，49日以内に生まれ変わりを果たしており，「化けて出る」ことはないと信じられていたのです．

もうひとつタイの例です．バンコクからそれほど離れていないところにあるワン・セン・スク寺院には，「地獄の庭」があるそうです．これは，阿鼻地獄をはじめ，経典に書かれた各地獄を等身大の人形を使って表したものです．いわば地獄絵の立体版で，数十年前に作られたものとのことです．筆者は訪れていませんが，インターネットで写真が紹介されています．昔の人が地獄絵から受けた衝撃を現代人に与えるには，このくらいやらなくては，といわんばかりで迫力があります．閻魔王のもとであるヤマの像もあります．日本の地獄絵の閻魔は中国風ですが，中国化する前の姿を見ることができます．

• http://www.forteantimes.com/features/fortean_traveller/1/the_wang_saen_suk_hell_garden_thailand.html

• http://www.thaiworldview.com/wat/wat6.htm

スト教の「至福の幻視」版天国と同じく、席順があるという信仰があったことをほのめかしています。

現在の日本では、「はじめに」で紹介しましたように、統計的には天国・地獄は「ある」という人は一〇人に一人です。しかし、少なくとも戦前までは僧侶が地獄絵を使って人々に説法をするということは各地で盛んだったようです(カラー口絵19)。太宰治は『晩年』(一九三六年)の中で、幼少時に寺で見た地獄絵がいかに恐ろしかったかを回顧しています。

Ⅱ 現代の天国・地獄観

1 近代化による変化

第I部で見てきたような、いわゆる「天国」や「地獄」が本当に存在するとは思えないという人が増えてきたのは、ヨーロッパでは一八世紀頃からといわれています。そのように変化した原因には、もちろんひとつには科学の発達があります。天国・地獄は荒唐無稽な空想の産物だといわれるようになりました。あるいは科学技術により殺傷力の高い兵器が開発されたことで、この世の中に昔の人の想像を絶する〈地獄〉を人間が作ることができるようになってしまいました。しかし、原因はそれだけではありません。

宗教的に見た場合の人生のゴール、すなわち救済観自体が変化したのです。三大宗教に顕著だった現世否定的な世界観は、急速な社会変化とともに時代に合わなくなっていきました。一八世紀から一九世紀にかけては、これからは科学が進歩し、産業が発展して人類は幸せになっていくのだという明るい雰囲気が広がっていきました。確かに産業社会でも貧富の格差という問題は続いていましたが、社会全体が豊かになれば、〈底上げ〉が起きます。つまり、貧しくても家に電気が引かれれば、その生活状態は一世紀前、二世紀前に比べて劇的に向上していると見ることもできるようになったのです。あるいは、宗教ではなく世俗の理念にしたがって、この世で経済的平等を達成し楽園を実現しようという共産主義も期待を集めました。

そのような楽観ムードの中では、「この世の幸せなど価値がない。幸せは死んだ後に訪れるのだ」という語り口は説得力を失っていきました。平均寿命が延びたということもあり、生きている間に、仕事に成功し、物質的にも精神的にも充実した状態で、毎日を生き生きと過ごすことに価値を置く人たちが増えていきました。「人間は罪深く、弱い存在だから、神や仏に救ってもらうしかないのだ」といわれるよりも、「人間はみな価値ある存在だ。もって生まれたものを伸ばせば誰でも幸せになれるのだ」といわれる方が嬉しいと感じるようになっていきました。現世否定から現世肯定へと再び大きな価値転換が生じたのです。

このため、近代化を受け入れても宗教を完全に捨てるのではなかった場合でも、その信仰の内容は変わりました。「はじめに」で紹介した世界六〇カ国の価値観調査によれば、天国・地獄は「ある」という人の割合は、多い国もあれば少ない国もあるのですが、その間にひとつの共通点があります。二、三を除くほとんどの国（いずれも三大宗教のいずれかが伝統的に支配的な地域）では、「天国はある」という人の数は「地獄はある」という人の数よりも多いのです。倍以上という国もあります。本来天国と地獄はセットですから、「ある」という人の数は同じであるはずです。しかし、現代人はプラス志向の人が多いためか、勝手に地獄を選択肢から消去してしまっているようなのです。自分は死んだら地獄に落ちるのではないかと日々不安のうちに暮らすのではなく、死後についても楽観しているということです。天国というのは、死んだ人が安らかにしているところ、という程度の漠然とした観念が、具体的な伝統的天国観にとって代わっていったのです。

もうひとつの変化としては、個人の「個性」が重視されるようになったことがあります。三大宗教の救済観は「個人」単位であると述べましたが、それは「個性」重視とは異なりました。天国や極楽に行けるかどうかは、一人一人に対して決まるのですが、行った先の世界はかなりの没個性的なところであるということが、第I部から浮かび上がってきたのではないかと思います。全員が同じような姿かたちになってしまうとか。意外に自由もなくて、神をひたすら見つめていなくてはいけないとか、悟りに向かって邁進しなくてはいけないとか。それを「不自由」として苦痛に感じなくなっているということは、精神的にもみな同じような〈優等生〉タイプになっているということです。美人で気立てもよいとはいえ、七二人のフーリーたちもどうも個性がなさそうです。

こういった来世は「楽園」といわれても、現代的価値観からはどうも違和感があるものです。個性を尊重する教育や、さまざまな人間が共存する社会が望ましいという考えが台頭してきたのは近代以降です。伝統的な天国像が魅力を失っていった原因には、この個性という問題も大きいだろうと考えられます。天国での楽しみは、みな同じような姿になって同じように神に仕えることではなく、自分の家族に再会できることという発想の方が自然になっていったのです。

つけ加えれば、この個性重視という点において、現世肯定的といっても、現代的救済観は民族宗教の救済観ともまた趣を異にします。村全体の豊作や、民族の繁栄よりも、人それぞれの幸福が求められるということです。そのような個人化という現象は内面化という形でも現れました。天国はどこかに物理的に存在するのではなく、各人の〈心の中〉にあるといったいい方もなされるようになっていったのです。

まとめれば、近代化により、

①科学化（〈科学的に証明できないこと〉の否定）

②現世肯定化

③個性化

という三種の変化が天国・地獄観に影響を与えたということができます。しかし、そのような近代化は決していつも同じように進行したわけではありません。①～③の要素のいずれかに対する反発も繰り返し起こったというのが二〇世紀以降の流れです。それについて見ていきましょう。

ニューエイジ・スピリチュアル文化の来世観

「はじめに」でも触れた國學院COEの調査によれば、日本の若い世代では、「天国・地獄はある」という人よりも、「生まれ変わりはある」という人の方が多いそうです。六〇歳以上ではどちらも一〇%以下で、しかも「生まれ変わり」の方が若干低いのですが、二〇代では後者は前者の二倍で、約二五%です。天国・地獄はないが、自分は生まれ変わりを続けており、前世も来世(あの世というより次の生という意味での)もあるという人が増えていることが示唆されています(7頁表3参照)。

最近はスピリチュアル・ブームで、テレビでも、芸能人らの前世を霊能者が霊視するという番組が人気を博しています。これは昔の日本人の輪廻《りんね》信仰が復活したのだと見ている人もいるかもしれませんが、実はそうではないのです。この種の前世信仰は、先ほどまとめた近代化の要素のうち、①の「科学化」に対する反発ではありますが、②と③の要素を強く帯びています。昔へ戻ったというより、きわめて現代的な現象なのです。

なぜそうなのか、このスピリチュアル・ブームの先駆けである、アメリカのニューエイジ文化から例をとって比較してみようと思います。ニューエイジ文化とは、一九六〇年代から一九七〇年代初頭にかけてのカウンター・カルチャー運動に端を発した広い意味での宗教的な文化です。カウンター・カルチャーは、学生運動、ベトナム反戦運動、ロック、サイケデリック、エコロジー、フェミニズム(女性解放運動)、キング牧師やマルコムXの公民権運動(人種差別批判)などからなる大きな運動でした。それまでの社会の矛盾を突き、戦争や差別をなくし、「このように生きよ」という規範から自由になろうとする若者たちが中心でした。科学技術の進歩に対する楽観的な信頼にも反省が起こり、環境問題がクローズアップされました。

その反省はまた、科学で証明されないものは信じないという合理主義にも向けられました。「この世には科学ではわからない不思議なこともあるのだ」という発言が、時代遅れではなく逆に新鮮な響きをもつようになったのです。ただし、既存社会に対する批判にも結びついていたため、この反‐科学の動きは、伝統的なユダヤ‐キリスト教信仰の復活というよりも、新たな宗教性の模索につながっていきました。それが仏教やインドの宗教への関心、ネイティブ・アメリカン(インディアン)の信仰や生き方の評価、霊や前世、オカルトへの興味という形をとったのです。(厳密には、そのようなオカルト・ブームは一九世紀末にも一度盛り上がっていますが、それがより一般化する契機になったのがこのカウンター・カルチャー運動でした。）

ユダヤ-キリスト教には輪廻という観念はなかったため、生まれ変わりを信じるアメリカ人が出現したというのは大きな変化でした。そうした人々を呼ぶために、従来の「レリジャス（宗教的）」に代わる「スピリチュアル（霊的）」という言葉が使われるようになりました。つまり、アメリカでは、「レリジャスな人」というのは、日曜日に教会に行き、聖書をよく読む人を指し、「スピリチュアルな人」というのは、座禅を組んだりヨガをやったり、ベジタリアンになったり、タロット占いをやったりという人を指すのです。一九八〇年代になると、こういったスピリチュアルな文化をニューエイジと呼ぶ表現が定着していきました。日本でも同種の現象が起き、「精神世界」という言葉が登場し、新霊性運動とい

シャーリー・マクレーン 1987年（Roland Godefroy 提供）

った専門語でも名づけられていきました。

このニューエイジ文化の代表例とされるのが、女優のシャーリー・マクレーンと彼女の自伝『アウト・オン・ア・リム』(一九八三年)です。この本は邦訳され、日本でもベストセラーになり、また映画化(TVドラマ化)もされています。

それによれば、マクレーンは、人生のあるときから、女優としては成功したが、自分の中になにかが欠けていると思うようになったそうです。それは「なぜここにこうして生まれてきたのか」「本当に〈死ぬ〉のか」「こうして生まれてきたことには意味があるのか、それとも〈偶然〉なのか」といった疑問となりました。そのように人生に向き合い、悩みはじめたきっかけは、妻子ある男性と不倫の関係をもったことだったと彼女は語ります。

悩む彼女は、一人の知人によりスピリチュアルな世界に誘われていきます。彼女がとくに興味をもったのは、輪廻の思想でした。人間には永遠の魂があり、それが生まれ変わりを続けること、自分が蒔いた種は自分で刈り取るという因果応報《いんがおうほう》の法則があることを学んでいきました。輪廻を知ったことにより、彼女は、魂が永続するのであれば、死を恐れる必要はないのだと気づきました。世の中の見方が変わったと言っています。そして、不倫相手とは自分は前世で結ばれており、だから今も強く惹《ひ》かれ合っているのだと信じるようになりました。前世で二人がやり残したことを現世で成就《じょうじゅ》する運命にあるのだと。偶然ではなかったのだと。

そう考えると彼女はとても幸せな気分になるのでした。

さて、マクレーン本人は、自分は古来東洋で信じられている輪廻の思想のおかげでこのように心の安らぎを得たのだといっていますが、これははたして仏教の輪廻観と同じでしょうか。仏教の僧侶がマクレーンに会ったとしたら、彼女になんと言うでしょうか。「よかったですね」とともに喜ぶでしょうか。

その反対でしょう。少なくとも伝統的な仏教の立場に立つ限りは、マクレーンに対する最初の言葉は「マクレーンさん、不倫はいけませんよ。そんなことをしていると、来世で報いを受けますよ」ではないでしょうか。すなわち、不倫のような罪を犯すと、次の世では動物に生まれ変わったり、地獄に行ったりするのだといって、人を諭すのが、仏教での本来の輪廻思想の役割だったはずです。これに対して、マクレーンは自己反省するどころか、むしろ輪廻思想を使って自分の不倫を正当化しているのです。「私があの人に惹かれているのは、前世で結ばれていたのだから当然だ」といって。

仏教では輪廻思想がどのように用いられてきたか、確認のために、奈良時代末〜平安時代初期に書かれた仏教説話集である『日本霊異記』をあたってみましょう。その中の一〇番目の話です。

大和の国添上郡《そえかみ》の山村の里に、昔、椋《くら》の家長《いえぎみ》の公《きみ》という人がいた。十二月のころ、『大通方広経』を信じたよ〔頼〕って、前の世で犯した罪を悔い改めようと思った。召使に「お坊さんを一人お迎えして来い」と命じた。……

その夜、法会がとどこおりなく終わって、僧が寝ようとしたとき、主人は掛け布団を僧にかけてやった。そのとき、僧は心の中で、「明日の法事でお布施をもらうより、この布団を盗んで逃げたほうがましだ」と思った。とたんに声がして、

「これこれ、その布団を盗むではないぞ」

といった。

僧はびっくりし家の中を振り返って見回したが、だれもいない。ただ牛が一頭倉の下に立っているだけであった。僧が牛のそばに行くと、牛は、

「わたしは実はここの家の主人の父親なのだ。前の世でわたしは人にやるために、子には無断で稲を十束ほど盗んだ。そのため今は牛の身に生れ変って、前の世の罪のつぐないをしている。あなたは出家の身である。それなのになぜ平気で布団など盗もうとするのです。……」と語った。（中田視夫訳『日本霊異記』講談社学術文庫）

前世で盗みを働いたために牛になり、償いのためにこき使われているという典型的な話です。

今の日本のスピリチュアル・ブームは、『日本霊異記』的輪廻観よりもマクレーン的輪廻観に近いようです。「来世で自分はどうなるか」よりも「前世で自分はどうだったか」にもっぱら注意が向けられているところにそのことが現れています。これは、善悪の行いとその報いという倫理的問題よりも、〈自分探し〉が関心事だからなのです。ですから、今の人気霊能師が霊視する前世の自分はほとんどの場合人間です。牛馬だった、虫けらだったとすると、〈自分探し〉ドラマには合わないのでしょう。

ここに「近代化」の要素の③が現れています。「個性化」とは、〈自分を反省〉というより〈自分が大切〉ということです。ニューエイジ・スピリチュアル文化における「前世の自分」というのは、まさに個性としての個、他人と違う、かけがえのない私という存在です。伝統的三大宗教の天国にいるとされる、みなと同じような個人、我執を離れた個人とは対照的といえます。

もうひとつ、マクレーンの輪廻観と仏教の輪廻観には大きな違いがあります。マクレーンは、人間の魂は永続し、生まれ変わりを続けるのだと知って、「死を恐れる必要がなくなった」ので明るい気持ちになったと語っています。これも仏教とは対照的です。それはよいことではなく、それがまさに「苦」であり、そこからの解放を目指したのが仏教の救済観だったからです。「前世」「現世」「来世」という言葉は使っても、マクレーンのようなニューエイジ的世界観では、輪廻はむしろ「この世がずっと続く」という感覚です。「死ななくてよいのだ」、あるいは「人生何度でもやり直しがきくなんてすばらしい」ということなのです。これは「近代化」の要素の②です。現世に対してきわめて肯定的です。

ちなみにマクレーンは、自分の前世については、不倫相手とはアトランティス大陸で結ばれていたと信じるようになり、さらに魂が体を抜け出し空高く上がっていく幽体離脱を体験したと主張するようになります。えてしてマスコミなどではそういった話ばかりが取り上げられ、ニューエイジはいかがわしいといわれがちなのですが、宗教学的には、輪廻に対するとらえ方がかくも変化していることが重要なポイントになります。その変化についてマクレーンはおそらく気づいていないし、スピリチュアルな前世診断番組を見ている人たちの多くも意識していないでしょう。

実際のところ、現代人には、なぜ生まれ変わることが「苦」とされているのか理解しにくいものだといわれています。この疑問に対しては、「古代のインドでは、気候の点でも経済的な点でも生活は非常に大変で、生きているのが辛かったので、そのような世界に生まれ変わりを続けるのは苦と感じるほかはなかったのだ」という説明がよくなされています。しかし、今の日本社会にも生きることを辛く感じて自殺を選ぶ人もいますから、あまり単純な対比は禁物かもしれません。古代インドでも、『マハーバーラタ』の中の「バガヴァッド・ギーター」には、霊魂は不滅なのだから死を嘆く必要はないのだという思想がちらりと出ています。輪廻とは「人が古い衣を捨てて新しい衣服を着るように、主体は古い身体を捨てて新しい身体に行く」ことだという表現で知られる、アルジュナとクリシュナの対話の中です。とはいえ、現代では「生まれ変わり」信仰は、「来世を目指しての行為の倫理化」よりも「今の自分探し」に結びつきやすいとは言ってよいでしょう。

キリスト教復興運動の天国・地獄観

現代的価値観を反映したニューエイジ・スピリチュアル文化は社会に広がっていきましたが、あることが流行すると、それに対する反動も起こるものです。ニューエイジ・スピリチュアル文化は一九六〇年代から七〇年代にかけてのカウンター・カルチャー運動に端を発したと述べましたが、七〇年代も終わりに近づくと、カウンター・カルチャーはけしからん、という人々も増えていきました。マクレーンのような人を肯定せず、「不倫はダメだ」とはっきり言わなければいけない、そうでないと社会のモラルが崩壊してしまうと心配しだしたのです。確かにアメリカでは七〇年代以降、離婚が増加し、ドラッグや犯罪といった社会問題が深刻化していきました。保守的な人たちは、そのような問題は、カウンター・カルチャーによって人々の生き方が自由になりすぎたせいだと考えました。アメリカではそうした保守回帰は、なによりも伝統的なキリスト教を復興しようという動きとなって現れました。

そのような復興運動は、しばしば「原理主義（ファンダメンタリズム）」と呼ばれてきました。現在では原理主義＝テロリストというマイナスイメージが強いため、「福音派（エヴァンジェリカル）」「保守派キリスト教・プロテスタント」「宗教保守」「宗教右派」といった表現がとられることが多くなっています。

「原理主義」という言葉が初めてマスコミで使われるようになったのは、一九二〇年代でした。そのときもアメリカはジャズ・エイジと呼ばれる新しい文化運動が都市を中心に栄えていた時代だったので、それを警戒する人々が、昔ながらのキリスト教の大切さを訴えたのです。最も有名なのは、進化論を学校で教えることを問題化したスコープス事件でした。保守的なクリスチャンは、聖書に書かれていることはすべて正しいとします。そのため、今ある自然界は進化の結果こうなったのではなく、聖書にあるように神が時の最初に創造したのだと主張しました。それは当時の社会の主流派やマスコミには単なる時代錯誤と見なされ、「原理主義」と呼ばれるようになったのです。後にイスラム世界で起こった宗教復興運動も、マスコミは「原理主義」と呼んでいったので、今ではこの言葉をイスラムに結びつける人が多いようですが、もとはキリスト教プロテスタントの保守勢力をまとめて呼ぶときの通称だったのです。欧米社会の中ではアメリカに顕著な運動です。

このキリスト教復興運動に携わる人々の多くは、自分たちは古きよき宗教を取り戻したのだと認識しています。しかし、客観的に見るならば、決して近代以前のキリスト教と一〇〇パーセント同じというわけではありません。そのことに注意しながら、現在のアメリカの保守派プロテスタントにおける天国・地獄観を見ていきましょう。

①「ヘルハウス」に登場する天国と地獄

「ヘルハウス(地獄屋敷)hell house」とは、若者をキリスト教に回帰させるために保守派プロテスタント教会が発案した宗教的アトラクションです。保守派プロテスタント教会では、牧師が熱狂的な「ヘルファイヤー(地獄の業火)hell fire」説教を行い、人々の回心(ボーン・アゲイン born again 体験)を促すという伝統があります。「今すぐ悔い改めないと恐ろしい地獄に落ちるぞ」と教え諭すということです。進歩派のクリスチャンは、人を怖がらせて信仰を強制するのはおかしいと批判してきましたが、保守派の言い分は、これこそ本来のキリスト教の教えだというものです。地獄を怖がらない現代人はつけあがっている、そういった人間が増えたから社会がおかしくなったのだというのです。

しかし、今の世の中では、「ヘルファイヤー」説教を聞きに教会にやってくる若者は限られてしまいます。そこで、お化け屋敷的なアトラクションを作り、そこに若者を集めて地獄の恐ろしさを説こうという試みが始まったのです。ヘルハウスは通常、常設ではなく、ハロウィーンの前に一時的に作られます。最初に有名になったのは、一九九〇年代半ばに始まったコロラド州のある教会のヘルハウスでした。この運動は全米各地に広がり、二〇〇三年にはテキサス州の教会のヘルハウスを取り上げたドキュメンタリー映画が話題になりました。この映画『ヘルハウス』をもとに、現在の保守派プロテスタントの天国・地獄観を、近代以前のキリスト教の天国・地獄観と比較してみます。

『神曲』や他の幻視文学と比べての大きな違いは、「地獄屋敷」というのに、メインの部分は天国や地獄の内部描写ではないという点です。全体は演劇仕立てになっており、最後の部分で登場人物は天国・地獄に分かれるのですが、天国について観客が見せてもらえるのは入口だけです。門を開けると中は光に満ちているということが示されるにすぎません。地獄については、登場人物たちが泣き叫ぶシーンが出てくるのですが、釜で煮られるとか、鞭で打たれるといった演技はありません。真っ暗な中、炎を暗示する赤い照明が使われている程度です。

それでは「ヘルハウス」ではなにを見るのかというと、地獄に落ちる人たちの現世での姿です。それはまた、なにをすると地獄に落ちるのかという罪についての説明にもなっています。主なものは、教室で銃を使って自殺する男性、エイズで死亡する同性愛者、妊娠中絶をした女性、デート・レイプの被害者（加害者ではなく女性の方が傷つき、自殺するという設定）などです。これらを演じているのはみな一〇代の若者です。つまり、現代の若者の生活に対応させた内容になっているのです。熱心に見ている観客は、やはり一〇代が中心ですが、子どもから大人までおり、民族的にも多様です。酒飲みの暴力夫が妻のインターネット不倫を責めるシーンでは、同じ経験をもち、スタッフとしても協力している男性が観客側ですっかり感情移入している様子が撮られています。

ドキュメンタリー映画『ヘルハウス』のＨＰから．自殺を図る若者を地獄に連れていこうとする死神．演じる若者たちは熱心な教会員のボランティア．優秀演技に対してはトロフィーが贈られることになっています．（ジョージ・ラトリフ監督『ヘルウハス』のHPより転載．ゴーストロボット提供）

映画は極力中立的な視点から作られているため、途中で主催者の牧師に数名の観客の若者たちが疑問をぶつけるシーンも出てきます。自分にもゲイの友達がいるが、同性愛者はみな地獄に落ちるというのはひどいではないか、精神的に追い詰められて自殺した人を責めるのは理不尽ではないか、白と黒のどちらかしかないというのは無理があると若者たちは牧師に詰め寄ります。しかし牧師は、自分が勝手に裁いているのではなく、聖書にそう書いてあるのだと言い張るので、両者の間に接点は生まれません。

そのように反発する観客も出る一方、何名もの観客が最後に回心に至ります。別室に移り、そこで教会の人たちとともに祈るのです。映画(教会)によれば、過去一〇年間の間に七万五〇〇〇人がこの教会のヘルハウスを訪れ、そのうち一万五〇〇〇人が回心したり悔い改めたりしたとのことです。

以上のように、ヘルハウスには、前述の近代化の三要素のどれにも逆らう特徴が現れています。天国・地獄を実在するものとし(反①)、現世での快楽ははかないのだと説いています(反②)。個人的事情は顧みられず、自殺、中絶、同性愛はみな一律に地獄行きというシナリオです(反③)。しかし同時に、近代以前の天国・地獄観から変化があることも見逃せません。まず、天国・地獄の内部描写を曖昧《あいまい》にするという点です。これは現在のアメリカ映画(とくにハリウッド系)にもいえることです。天国や地獄を具体的に描かなくなっているのです。古きよきキリスト教に戻るのだといっても、天国や地獄の様子というのはビジュアルに詳しく描けば描くほど、多くの現代人にはウソっぽく見えてしまうのでしょう。また、とくに天国についていては、へたに具体的に表現してしまうと、神に対する冒瀆にもなるのでしょう。かつてルネサンス期の画家、ミケランジェロなどは、礼拝堂の壁に大きく神の姿を描きましたが、そんなことはもってのほかというわけです。

他方、地獄の悪魔は登場します。ただし、かつてイメージされていた鬼のような姿の悪魔ではなく、ハリウッドのホラー映画に出てくるようなフードを被った死神です。メイクがパンク調だったりと今風なのですが、悪魔の描写にはこだわらないのだなということがうかがわれます。

その死神は、レイプ被害に遭い、打ちひしがれた女性に対して、「おまえなど価値のない存在だ、死んでしまえ」と自殺をそそのかします。この点も、厳密にいえばかつてのキリスト教の考え方とは異なるところです。「神に比べれば、人間はなんととるに足らぬ無価値な存在か」を自覚することが信仰の基本とされてきたからです。たとえば、アブラハムは神の前で自分のことを「塵あくたにすぎない私」(創世記18・27)と卑下しています。これに対して、「一人の生命は全地球よりも重い」というような言葉が説得力をもつのが今の社会です。「人間には誰にでも価値がある」という近代的な意識転換の産物です。死神のせりふからは、宗教回帰運動は、回帰といっても昔に完全に戻ったのではなく、近代的人間観を前提にしていることがわかります。

②創造説博物館で見た「天国の位置」

最近の保守派プロテスタントが心血注いで詳細に描こうとしているのは、天国・地獄の内部よりも地球の歴史です。前述のように保守派はダーヴィニズム的進化論を否定します。進化の様子を目撃した者はいないのだから、進化論は証拠不十分な仮説にすぎないというのです。代わりに学校の生物の授業では聖書に基づく創造説を教えるように、あるいは少なくとも両方を教え、進化論のみを事実としないようにという政治的運動を展開してきました。その過程で創造説を、教育に耐えうるよう詳細化・体系化する必要が生じました。「最初に神が六日間で天地を造ったのだ、人間も造ったのだと信じなさい」と説くだけでは済まなくなったのです。

というのも、創造説論者も、古生物学上の数々の発見については、物的証拠がある限り、否定することはできません。よってそうした発見と聖書の記述の整合性を示す必要が生じたのです。たとえば、聖書には恐竜のことは出てきませんが、化石が発見されていますから、かつて地球上に恐竜が存在したことは創造説論者といえども認めざるをえません。そうなると、神は世の最初に、人間を含むあらゆる種の動物を一度に創造した際、恐竜も造っていたはずだということになります。これを証明する必要が生じてくるわけです。

左頁図左はテキサス州のグレン・ローズにある、創造説博物館(Creation Evidence

右：“洪水以前”に生息した猫の足跡.
（通常の４～５倍？）

左：３本指の恐竜の足跡の中央に人間の足跡が.

Museum）に展示されている化石（の模型）です。博物館の近くで発掘されたものというのですが、恐竜の足跡の中に人間の足跡がついている化石です。

実はこの話は、最近ベストセラーになった『ハローバイバイ・関暁夫の都市伝説』（二〇〇六）の冒頭にも紹介されています。日本ではこのように、「信じるか信じないかはあなた次第です」と都市伝説扱いされているのですが、これは創造説を裏づける貴重な化石としてこの博物館に大真面目に展示されています。恐竜と人間の足跡が一緒になっているということは、恐竜と人間が同じ時代に生きていたことの何よりの証拠になるからというのです。

筆者も創造説博物館を訪問したのですが、

この化石のほかにもさまざまな化石や模型が展示されていました。創造説の歴史観にのっとり、氷河期は存在せず、聖書に書かれているノアの大洪水が、地球上に大きな環境の変化をもたらしたのだと説明されていました。大洪水の前には大気の成分が現在とは異なり、そのために恐竜のみならず動物はみな巨大であったとされ、巨大な猫の足跡の化石なども展示されていました(179頁図右)。そのことを実証する科学的な実験の成果も紹介されていました。

目を奪われたのは博物館の壁面に描かれた地球の図でした(181頁図)。これは聖書にある神による六日間の天地の創造、現代的な表現に直せば神による「地球」の創造を科学的に表現したものなのです。聖書を絶対的に正しいとする創造説論者も、地球は平らではなく丸いということは認めています(確かに聖書には地球の形状については平らともなんとも明記されていませんので、丸いという事実は幸い聖書の記述に反しなかったのです)。そのうえで、一日ごとに地球がどのように造られていったか、たとえば大気圏はどうなったか、地球の内部はどうなったか、地表はどうなったかなど、聖書の記述と科学的事実が対応するように〈絵解き〉がなされていたのです。

見ているうちに、この地球の絵——六日間にわたる創造ですので、六個の地球が並んでいたのですが——の上方には、ひとつの点があり、そこから白い筋が地球に向かって引かれているのに気づきました。説明を聞いているうちにわかったのですが、その点こそが神の居所

神による天地創造の全貌を宇宙スケールで図解した壁画.

でした。昔のクリスチャンは、神は雲の上の天国にいると素朴に信じていたのでしょうが、現在は保守派といえども、雲の上には天国があるとはいえません。しかし、そうしますと、天地創造の際、神はどこにいたのかが問題になるわけです。地球は丸いのであれば、天国はどこにあるのでしょうか。それについてこの博物館を建設した創造説論者は、ひとつの解答を出したのです。神は、またそういうことでは天国は、地球のはるか上の方に存在しているのです。これはすなわち、宇宙には上と下があり、天国はその上の方のどこかにあるのだということです。天国の実在を信じる創造説論者は、宇宙の中の天国の物理的位置を図示しなくてはならなくなったというわけです。この場合も、天国の内部についてはなにも語られなかったのですが。

③終末論小説が語る「天国に行く条件」

一九九〇年代後半、世紀末が近づく中、保守派クリスチャンの間では終末への待望が強まりました。「世界の終わり」というと恐ろしげですが、保守派クリスチャンにとっては終末は天国の到来を意味するので、待ち焦がれるべきものなのです。

その中で、世界の終末を描いたサスペンス・タッチの近未来小説、『レフトビハインド』のシリーズが刊行されはじめました。これはもと牧師を含む二人の保守派プロテスタントによって書かれたものです。全米ベストセラーになり、TV映画化もされました。

「レフトビハインド(残されし者)」とは、敬虔なクリスチャンではないからという理由で、最終戦争(ハルマゲドン)に突入する世界に置き去りにされた人々を指します。終末が始まったら、ヨハネの黙示録に書かれていることは、具体的にどのような形で現れるのかを描き出し、読者にシミュレーションさせるような小説です。

最初はラプチャーのシーンから始まります。ラプチャーとは、最終戦争に突入する前に、神が敬虔なクリスチャンを天国に一時的に避難させてくれることを指します。主人公の一人はパイロットですが、彼が飛行機を操縦している最中、客室乗務員が「お客様が何人も姿を消しました」と慌てふためいて報告にやってきます。最初はパイロットにはなにがなんだかわからないのですが、地上に戻り、自宅に帰って妻子がいないのを発見し、ラプチャーが起こったことを悟ります。彼の妻子は非常に敬虔な保守派プロテスタントだったのです。彼の妻子や飛行機の乗客だけでなく、世界中で少なからぬ数の人が一度に消えてしまったので、大混乱が起き、終末の第二幕へと進んでいきます。

さて、この小説で注目したいのは、どのような人がラプチャーで救われたかです。そこには、現在の保守派プロテスタントが「天国に行く条件」をどう考えているか、その一例が現れているからです。先述の『ヘルハウス』では、罪を犯してもイエスを心から受け入れ、回心するならば、天国に行くことができると説かれていました。これに対して、『レフトビハインド』のラプチャーの条件はそれだけではありません。天国へ引きあげてもらえた人ともらえなかった人を分けたのは、「黙示録に書かれているような終末が現実に訪れると信じていたかいなか」とされているのです。つまり、分かれ目はクリスチャンとそれ以外ではなく、善人と悪人でもありません。非科学的な信仰だと批判されてきた終末論をそのまま素直に信じていた人のみが救われるのです。逆に「悪」とされるのは、終末が聖書に書かれたとおりやってくるということを「疑う心」です。したがって、疑うことを知らない幼い子どもたちは、みな救われたと語られています。

けていません．神は話の中には出てきますが，現れません．

以上の作品では，天国も地獄も登場するのは数分ですが，『奇跡の輝き』（What Dreams May Come 1998）は，映画のほとんどの場面が死後の世界であるという珍しい作品です．これは純粋な「再会」バージョンの天国です．作中では「天国」と明言されていませんが，地獄と対比されているので，天国と見てよいでしょう．純粋な，といったのは，主人公がそこで出会う人物は，先立った家族や恩師だけだからです．神も天使もいません．しかもこの映画の天国はきわめて個人的なものです．死者一人一人は自分の意識（想像力）が構成した天国の中におり，したがってその天国は人ごとに違うという設定になっています．主人公には，愛する妻が描いていた絵の風景がそのまま天国として立ち現れます．家族・恩師以外の人間が登場する場合は，そのような風景の一部として，主人公が想像で作り上げたものであるかのように存在するにすぎません．穏やかでカラフルな天国に対し，地獄は暗く苦しみに満ちています．そこに行くのは自殺した主人公の妻です．主人公は妻を探し，救い出します．その後は天国で家族全員で永遠に過ごすのかと思いきや，夫婦は生まれ変わりを選び，またこの世で再会しようと旅立っていきます．

この映画はコメディではなく，シリアスでロマンティックな物語です．シリアス度が高いほど，伝統的な天国・地獄像からは引き離し，作者個人が創作した天国・地獄像であることをわかりやすくする傾向があるのかもしれません．

天国・地獄が描かれている映画

天国・地獄の内部を描いた映画は非常に少ないようです．多くのメジャーな映画，とくに保守的なクリスチャンが多いアメリカの映画では，天国や地獄の存在が示唆される場合も，せいぜい天国や地獄の入口が現れ，そこに霊魂が吸い込まれる様子が描かれる程度です．地獄はそれでもまだ出番がありますが，天国はほとんど出てきません．へたに描くと神への冒瀆になりかねないからでしょう．

それでも，コメディであることがコンテクストとして明白な場合は，天国・地獄の内部を出す作品もいくつか存在します．たとえば，『ビルとテッドの地獄旅行』(Bill & Ted's Bogus Journey 1991)には地獄のみならず天国も登場します．天国は純白のパルテノン神殿のような建物で，人々の服装はまちまちながらみな白色．門番はアフリカ系の男性で，(伝統にしたがい)右側の扉が天国内部に通じています．中では人々が談笑しています(「交流」バージョン)．人間のみならず宇宙人もいます．別室に神の部屋があり，神はその中にある長く高い階段の最上部にいることが白い光で示されています．主人公は下からその光を見上げるだけです．他方，地獄は，クラシカルな巨鬼姿の魔王(サタン)がいる，暗く火が燃えているところです．ただし主人公たちは竃ではなく迷路のようなところに封じ込められ，さまざまな悪夢に遭遇するという話になっています．

『天国からきたチャンピオン』には1979年版(Heaven Can Wait)と2004年版(Down to Earth)があり，1979年版の方では描かれているのは天国への中継地点までです．そこは雲の上で，白い飛行機が死者の霊を待っています．ビデオのパッケージの絵では主人公に天使状の羽が生えていますが，映画の中では羽はありません．主人公のみならず，エスコート係たち(天使に該当する役)にも羽はありません．

これに対して，2004年版では，主人公は天国の中まで進みます．そこは宴会バージョンの天国で，現代風にクラブの店内のようなところとして描かれています．やはり何人かの世話役が出てきますが，いずれも天使の羽はつこの解釈には明らかに、現代の保守派プロテスタントの、近代派に対する対抗意識が反映されています。同じクリスチャンでも、神を信じている、教会に行く、思いやりのあるよい人間であるだけではダメなのです。聖書に書かれていることをすべて文字どおりに受けとめる、とくに非科学的な部分こそを疑わずに信じることが、天国に行く必要条件なのだというメッセージが込められているのです。ありえない、と疑うことこそがなによりも大きな罪とされるところが、かつての天国・地獄観と大きく異なる点です。

信仰の程度には同じ派の中でも幅があるものですが、このような保守派プロテスタントは、現在全米人口の四人に一人に達するといわれています。

2 現代イスラムの天国・地獄観

アメリカでのキリスト教保守派の復興運動とほぼ期を同じくして、イスラム圏でも復興運動が盛り上がっていきました。ホメイニを指導者とする一九七九年のイラン・イスラム革命はその流れを決定づけた事件でした。日本が明治以降、欧米の影響下に近代化を推し進めていったように、イスラム諸国も一九世紀から二〇世紀にかけて多かれ少なかれ欧米流の法体制や文化を受け入れていきました。ところが、次第に貧富差の拡大をはじめとする社会問題が広がり、また対外的にもパレスチナ問題などの地域紛争が深刻化しました。イスラム復興運動に向かった人々は、このような問題の最大の原因は、ムスリムが西洋の影響を受けすぎてイスラム離れを起こしたところにあると考えました。そこで、古きよきイスラムに帰ろうということになったのです。イランやアフガニスタンだけではありません。かつて西洋の世俗主義を受け入れ、ミニスカート姿の女性も見られたトルコやエジプトのような国で、自ら進んでベールを被る女性が増えるという現象が起きました。運動が政治的に先鋭化する場合は武力行使にも至り、それがマスコミには原理主義、過激派のしわざとして報道されるようになりました。

その後現在まで、イスラム復興運動が展開する中で、天国・地獄についてはいくつかのトピックが新たな議論を引き起こしました。そのひとつは欧米側（＋イスラエル側）が「自爆テロ」と呼ぶ行為をなした殉教者は天国に行くのか、それとも地獄に行くのかという問題です。もうひとつ取り上げたいのは、女性は天国では男性と対等の報いを得られるのかという問題です。

殉教と天国

イスラエルに対して自爆攻撃を行ったムスリムのパレスチナ人が死後どうなのるかがなぜ議論になるのでしょうか。これを、ムスリムの同胞（「イスラムの家」）を守るために自分の命を犠牲にする勇敢な行為だと評価する場合は、その人は殉教者とされます。特別によいことをしたのだから天国に行くはずだということになります。それに対して、イスラムはテロを肯定していないし、とくに自爆攻撃はイスラムが禁じる自殺にあたるという解釈もあります。この解釈では、その行為はむしろ地獄行きに値するとなるのです。無実の人が爆撃に巻き込まれていればなおさらです。後者の解釈をとる人は、過激派はパレスチナ人の若者に対して「自爆攻撃をすれば天国に行ける」とそそのかしていると非難しています。

そもそも天国も地獄も信じない人には、これはついていけない論争に見えるかもしれません。ところが、その根本にある意見対立は、実は特定の宗教に限ったことではないのです。それを抽出してみれば、

①正しい戦争(正当化可能な、必要な戦争)というものがあり、この戦争はそれにあたる。そのために自分の命を犠牲にするのは尊い行為である。

②戦争はすべて誤りであり、正しい戦争というものはない。あるいは、正しい戦争は存在するが、この戦争はそれではない。また、普通に戦っていて図らずも戦死するのではなく、自爆という攻撃の形は著しく非人道的で常軌を逸している。

となります。これはどの社会でも結論の出ていない問題です。

それなのに、「天国が待っているからと彼らは躊躇せず自爆攻撃をするのだ」という、〈狂信〉イメージばかりが肥大していきました。二〇〇一年のアメリカの九・一一テロ事件の後は、これに「七二人のフーリー」の話が加わって風説がメディアやネットを飛び交いました。テロ犯は、「これで殉死すれば七二人の美女が褒美として与えられる」と信じたムスリムたちだったといわれたのです。アメリカ社会で、イスラムの古い伝承である「七二」の数字が

にわかに有名になったのです。さらには、ムスリムでもこの伝承を知らない人がいますので、そういう人が「そんなことはクルアーンに書かれていないぞ。イスラム嫌いのアメリカ人ので っちあげだ」と怒りだしました。偏見が偏見を呼ぶ事態になったのです。

「褒美につられて自爆を選んだ」というのはあまりに短絡的な心理分析でしょう。しかしなぜ殉教を選ぶのかというのは部外者にとっては不可解であることは確かです。その心情を少しだけでも理解するために、「私も殉教者になっていたかもしれない」という一人のムスリム女性の話に耳を傾けてみたいと思います。パキスタン系でオランダ在住の女性が、自分の若い頃を回想したスピーチです。

二〇年前、彼女はジーンズをはき、マイケル・ジャクソンやマドンナを聞くオランダのティーンエイジャーでしたが、同時にアッラーのために殉教することを夢見ていました。彼女が生まれたのは両親の移民先であるロンドンですが、一五歳のときに家族とオランダに移っていました。クラスでは彼女は唯一の非白人でありムスリムでした。学校では常に劣等感に苦しんだといいます。歴史の授業では自分はヨーロッパに容易に植民地化された民族の一人なのだと知りました。親の躾が厳しく友達づきあいも制限されていたため、社会から完全に疎外されていると感じる毎日でした。

その状況下では、西洋社会を恨み、イスラムを受け入れることで落ち着きと誇りを取り戻すようになったのは当然のことだったと彼女は語ります。自分は選ばれた者であり、特別なのだと思うようになったというのです。この世に幸せを求めるよりも、天国に行くための努力するようになりました。クルアーンを熱心に読み、ムハンマドの生き方に倣おうとしました。ムハンマドが好んだといわれるオレンジを、ムハンマドがそうしたといわれるように三二回咀嚼して食べたそうです。そうして次第にイスラムのために殉教したいと思うようになっていきました。

憧れたのはパキスタン空軍に属し一九七一年に殉職したラシッド・ミンハでした。彼のように殉教によって後世に名を残し、尊敬されたらどんなにすてきだろうかと思ったそうです。もしその時期にテロリスト・グループに声をかけられていたら、殉教者になっていたことだろうと彼女は言い切ります。

人生が変わったのは、その後大学に行き、女子寮に入り、オランダ人の女子学生と否応なしに交流するうちに、彼女たちの人生観を理解するようになったからでした。自分の天国願望は、自分に向き合い、この世で生きていくことに真剣になることからの逃避にすぎなかったと気づいたのだそうです。

彼女は最後に語ります――移民にとっては、完全に平等な社会は、天国と同じくらい非現実的です。移民の子どもたちの疎外感をなくすことはできませんが、彼らが自らそれを克服することが可能になるよう行動を起こすことは政治の役目です。教育も就職も移民には不利だということは認めざるをえませんが、重要なのは、人類愛を引き起こすような政治的模範が子どもたちに対して示されることです。私が殉教者にならなかったのは、自分は特別な存在ではなく、まわりと同じ一人の人間だということに気づいたからです。ムスリムが自分を特別だと思うのではなく、人間だと思うのに皆さんの手を貸してください――。

殉教者がみな彼女と同じ経験をしたわけではないでしょうが、誰かにそそのかされたわけではなく、自発的に殉教を求めるようになったことが明白な例です。これは近代化の三要素という点に照らせば、反①（天国の実在を信じる）かつ反②（現世の幸せより来世の幸せを追求）という点で反近代ですが、③（個性化）についてはむしろ近代的特徴を示しています。すなわち、自己犠牲が自分を無にすることにつながるのではなく、むしろ自分を有名にすることで自分の存在意義を示したい、さらにそれによって自分の生に意味があることを納得したいという気持ちが強く現れています。自分が天国に行ってどのような報酬を得るかということよりも、自分が去った後、現世の人々は自分を特別な存在として見てくれるかというところに関心が向けられているのです。

マレーシアのイスラム教師が取り上げていた，日本の天国・地獄昔話

マレーシアのイスラム教師が，信者に対して天国と地獄について語る中で，日本の昔話に言及していました．

「私たちの死後の生は，現世の行いを反映するでしょう．ということは，生きているうちに，この世の中で，自分の天国や地獄を作り出せるということです．日本の民話に，おもしろい話があります．

ある若い男性が，天国と地獄の違いを知りたがっていました．まず彼は地獄をのぞきました．そこには大勢の人がごちそうが載った長い食卓についていました．ところが，誰もがみなやせこけており，弱々しく，絶望のうめき声を上げていました．よくよく見ると，その人たちの手には２本の指しかなく，しかもそれらの指が１メートル以上もの長さでした．指というより長い箸だったのです．それで食べ物をつかんでも口に運ぶことができないため，いらついてお互いの邪魔をし合い，争っていたのです．

次に若者は天国に目を向けました．そこには同じようにごちそうが載った長い食卓があり，しかも天国の人々も長い指をしていました．ところが，そこではみなにこやかに笑い合っていました．姿も健康的でした．人々は，食べ物を指でつかむと，お互いに向かい側の人の口に運んであげていたのです．

さて，天国と地獄の違いはなんだったのでしょうか．一方には利己，邪心，争いがあり，他方には他者への気づき，思いやり，協力があるということです．その意味では，天国と地獄は私たちの目の前にあるのです」．

これが日本の昔話かどうかは留保が必要ですが，確かに日本でも最近よく引用されている話のようです．クルアーンに基づく伝統的な天国・地獄像からはかけ離れていても，邪教視せず，よい話だと思えば気軽に説教に取り入れる柔軟性がうかがわれます．

女性の天国

他方、女性のムスリムは天国ではどうなるのかということも、別の文脈で現代社会では話題にされるようになりました。というのも、現在の西洋社会からのイスラム批判の大きなものとして、女性差別という問題があるからです。イスラム復興運動が高まるにつれ、この批判は再燃しました。同時に、いや、イスラムでは女性を大切にしているのだと弁護するムスリムたちも増えていきました。

女性はイスラムでは男性と対等だ、それどころかとても敬意を払われていると主張する人たちが引き合いに出す、ムハンマドの言葉があります。

「天国は母の足もとにある」

これは、いたずらな子どもたちがよく聞かされる言葉なのだそうです。社会が成功するかどうかは母親にかかっている、幼少期の母親の影響は大きいものだからという意味だといわれています。イスラムにおいて母親の役割が重要であるということだけでなく、母親よりも上の人間はいないということを示唆しているから、イスラムには女性差別はないとイスラムを弁護するのに使われるわけです。

他方、イスラムのことわざに、

「女性の天国は夫の足もとにある」

というものもあります。これは「天国は母の足もとに」という伝承をもじったようなことわざで、どう見ても女性の地位は逆転しているという。イスラムは女性を軽んじているという人が「それ見たことか」とやり玉にあげています。

天国について、よりよく見かけるのは、「イスラムの天国は男性の幸せばかり」という批判と、それに対する反論です。第I部で述べたように、クルアーンにもっぱら書かれているのは、男性の信者は天国ではどのような報酬を得るかだからです。

伝承によれば、過去のムスリム女性(Um Salama)も、女性は天国ではどうなるのか疑問をもち、ムハンマドに尋ねたそうです。男性はフーリーを新たに娶《めと》るとのことだが、女性はどうなるのかと。ムハンマドの答えは、現世での夫がそのまま天国でも夫になるのだというものでした。そこで彼女は続けて、現世で一人以上の夫をもった場合は(一妻多夫という意味ではなく、最初の夫が早逝し再婚したような場合)どうなるのかと聞きました。ムハンマドは、その場合は、最良の夫(最も信心深く行いもよい夫)が天国の夫になるのだと答えたといわれています。つまり、いずれにせよ、女性にはパートナーは一人だけということです。

また、ムハンマドは彼女に、天国の人間の女性はフーリーよりも優れている、なぜなら彼女たちは現世で礼拝と断食を行ったからだとも言いました。神は彼女たちの顔を輝かせ、絹の衣を着せ、真珠の香炉と金の櫛を与えるのだと。

現代では、このような質問に正式に答える役目をもつのは、男性の法学者です。権威ある法学者が下す判断はファトワーと呼ばれます。そのいくつかを見てみましょう（いずれもスンナ派）。

（i）

ムスリム女性の質問　天国では私の夫には、他に七〇人も妻ができるというのは本当でしょうか。これは公平ではないですし、正しいとも思えません。アッラーは私たちすべてを愛してくださり、女性にも男性と同じように対応してくださるはずです。私たちも男性と同じ人間ですし、同じことができます。ですから、なぜ女性は他の女性たちと夫を分かち合わなくてはならないのでしょう。女性にも夫を何人も与えてほしいというわけではありませんが、妻が他に七〇人というのはいくらなんでも多すぎます。もし、男性が自分の妻に、他に七〇人も夫ができると知ったら、同じように感じるでしょう。

回答　あなたの心配は女性の気持ちに関するものですね。はっきりしていることは、私たちの気持ちや心はアッラーが支配しているということです。そして、アッラーは天国の住民すべてに心の平穏と満足を約束なさっているのですよ。

(ii)

ムスリム男性の質問　私の弟はイスラムなんて信じられないと言っています。私がイスラムはアッラーの宗教だと言う度に、弟はこう言ってきます。「クルアーンによれば、イスラムは男性だけの宗教だ。なぜならクルアーンには、男性は天国に行けば美女たちをモノにできるとあるが、女性も褒美として美男たちをもらえるとは書かれていないからだ。クルアーンは美女をだしにして男性を引きつけていることになる。」

弟にはなんと言えば自分が間違っているということをわかってくれるでしょうか。

回答　まず、弟に正しくイスラムを理解させようとする君の努力を神が祝福し報いてくださいますように。

最も重要なのは、神はトリックを使って人間を導いたりはしないことです。女や金で釣るというのは悪魔のやり方ですよ！

男性も女性も等しく神の命令にしたがわなければなりませんが、両性の間には違いもあります。考えることや感じ方や人との関わり方などが違うのです。

神は私たちに、女性の権利と名誉を守るように命じました。その神が、天国の女性たちに対して、彼女たちが嫌がるようなことをわざとやったりするでしょうか。女性というものは、一度に何人も夫を欲しいとは思わないのです。女性は一人の男性に尽くす方が好きなのです。一人以上の夫が欲しいという女性はめったにいないでしょうし、私たちは人間として、女性がそのようなことを求めるなんて恥ずかしいことだと思うでしょう。

それに対して、男性は女性とは生まれつき違うので、複数の妻が欲しいと思うことが多いものです。そして天国では、神を信じ、神を喜ばせることを行ったことへの報いとして、求めるものはなんでも与えていただけることになっています。

神はまた、天国の人間からあらゆる不快な感情を取り除いてくださいますから、自分には褒美が足りないなどと思う人はいません。男性と女性では求めるものが違うので天国での褒美も違うだけです。神は天国では、男性であろうと女性であろうと、欲しがらないものを与えることはないのです。

(iii)

ムスリム女性の質問　クルアーンにはフーリーなど男性に対する天国の報酬のことは書かれていますが、女性については書かれていません。女性は天国ではなにがもらえるのでしょうか。

回答　Um Salama もそれと同じ質問をしていますよ［といって、回答者は前述の伝承を引用」。

女性は天国ではフーリーたちに対して女主人になるのです。フーリーたちは彼女の召使というわけです。彼女はどのフーリーよりも美しく、夫に最も愛されるのです。

というと、また質問が出てきそうですね。

たとえば、女性があまり夫を愛しておらず、来世でもまた一緒になるなんてとんでもないと思っている場合はどうなるんですか、とか。

実は、天国に行くと憎しみや嫉妬の感情は消え失せ、現世とはまったく異なる心理状態になるのです。現世ではダメ夫でも、天国に行けば人間が変わるので、妻もきっと満足しますよ。妻が最高の美人になって、夫を喜ばせるのと同じことですよ。

＊

どうやら、「天国では誰でも満足すると神は保証しているのだから、心配するな」というのが法学者によるスタンダードな答えのようです。「アラビア語の代名詞は男性と女性で分かれていないので、男性に関することだと思われているクルアーンの箇所は、実際には男性・女性両方に関わるのだ」という説明も散見されます。

法学者ではない、一般の信者は自らはどう考えているのでしょう。女性同士の日常会話ではさまざまなことが言われているのかもしれませんが、ここではインターネットから一例を挙げてみます。中東から南・中央アジアに伝わる「妖精の国 Koh-e-Qaf」伝説を下敷きにしつつ、個人が創作を加えた「女性専用の天国がある」というファンタジーです。その天国描写の部分をまとめて紹介します。

それによると、Koh-e-Qaf は天の上層にある、女性のみの国です。美しい妖精の故郷です。真夜中には女性たちは天の乳の河で泳ぎ、遊びます。Koh-e-Qaf に行った女性は、地上で着ていた服を脱ぎ捨て、さらには皮もするりと脱いで、新しい体になります。肉の落ちた中性的な体です。手足の爪が伸び、頭部以外の体表を覆い尽くします。そうなった体は頑丈で、もはや男性の暴力の犠牲になることはありません。つまり、Koh-e-Qaf は、家庭内暴力に苦しむ女性たちのための避難所なのです。

作者は、これは神が最初の人間であるアダムに自由意志を与えたとき、内緒でイブのために造っておいたサンクチュアリーだといいます。男性に自由になんでもやらせたらなにをしでかすかわからないから、万一のためにと、男性は入れない女性の隠れ家を天に用意したというのです。イブは娘たちにこの「天のスパ」のことを教え、娘たちはその娘たちに教えたので、女性たちは最悪の時代をもなんとか切り抜けてきたのです。Koh-e-Qaf のことを忘れてしまった人たちもいます。そのために神は人間に爪を与えたのです。イブの娘たちがKoh-e-Qafを思い出すようにです。

作者の母親はKoh-e-Qafの伝説を知ってはいましたが、そこに入ることができたのは、新婚早々夫の暴力を受けてからでした。そのときから、地上で家事をしたり暴力に甘んじたりした時間と同じだけの間、彼女は天の湖で身を清め、笑い過ごしました。彼女が二二年もそのような結婚生活に耐えることができたのは、Koh-e-Qafのおかげとしか説明のつけようがない、と作者はいいます。

この物語は欧米であれば「フェミニズム文学」と評されるでしょう。女性が女性のために書いた一種の抵抗文学として。ところが、作者は実はムスリム男性なのです（ネット上では性別を偽ることもできますが、この作者はこの文章のみを発表しているわけではなく、全体的に判断して、本人が言うように男性である確率が非常に高いと思われます）。男たちは「男性ご優待天国」にあぐらをかいているのかと思いきや、このような人もいるようです。

3 現代日本の極楽信仰

浄土座談会――「極楽・地獄は実在するか?」をめぐって

それでは、現在の仏教徒は、極楽や地獄をどうとらえているのでしょうか。「はじめに」で取り上げた意識調査によれば、今の日本で天国や地獄があるという人は約一割でした。ここでは、寺で生まれ(つまり僧侶の子どもとして生まれ)、仏教が常に身近にある状態で育った人たちの声を取り上げてみたいと思います。

座談会参加者は、二〇代の五名の男性です(司会+討論者四名)。司会を含む全員が東京の仏教系大学の大学院生で、僧籍を取得している僧侶でもあります。宗派は浄土宗で、出身は東北三名、関東一名、九州一名です。

現在の日本仏教の主な宗派は、浄土宗のほか、天台宗、真言宗、臨済宗、曹洞宗、浄土真宗、日蓮宗です。前章で述べたような極楽浄土が実在するという教義をもつ宗派としては、鎌倉時代に成立した浄土宗や浄土真宗が代表的です。『往生要集』を書いた源信は天台宗の人ですが、現在の天台宗は浄土を物理的に実在するものとは見なさない立場です。

＊

いつ極楽や阿弥陀仏を意識するようになったか

筆者　今日は司会を皆さんの中のお一人、一番の先輩のEさんにお任せします。私に向かって話すより、リラックスしていただけると思いますので。Eさんよろしくお願いいたします。

司会(E)　それでは、まず、みなさんが個人として極楽や阿弥陀仏を意識するようになったのはいつ頃で、きっかけはなんだったかをおききしたいのですが。

A　僕はお寺に育ちましたから、信じるというか、まあそういうもんだろうと思っていました。大学までは宗教系学校にはほとんど関わりがなかったですし、浄土があるかないかという問題と闘ったことはありませんでした。しかし、大学に入るとまずその問題にぶちあたるわけです。「浄土なんてないんじゃないの」という批判に対してどう説得していくか。僧侶としてそのことが問われていくのだと聞いて。あーなるほどなと思いました。それで大学

A氏が生まれ育ったお寺の地獄絵．盆や施餓鬼のときにこのように掛けるのだそうです．

院に入ってからも浄土について中心に勉強を進めていきました。

　でも「信じる・信じない」の問題っていうのはやっぱり難しいです。統計では天国や極楽は「ない」とする日本人が圧倒的多数派だそうですが、戦後に西洋の自然科学や合理主義などの考え方が入ってきて、科学的な「ある・ない」という感覚が浄土の「ある・ない」に持ち込まれてきて、こういった問題が出てきたというのが一般的によくいわれることだと思います。

　大学院に入った頃の授業で、ある先生が、そのような批判に対してどう対応するかというお話をしてくださったときがあります。ある学者がスピーチのときに、「私は科学者として涙の成分については説明できるが、その涙に含まれている悲しい思いや喜びの感情まですべてを説明することはできない」というような話をしたそうです。この話と同じように、浄土についても科学ではなく感情的な部分で裁くべきではないかと先生はおっしゃったんです。それ以来自分の中でもずっと問題になっています。

司会　そうすると、浄土学を学ぶようになって、浄土の有無に関する自分の立場を真摯に考えるようになってきたということですね。

浄土学を学ぶ前も、朝の勤行やお檀家さんの仏壇の前でお経を唱えることがあったと思いますが、そういうときは、「なーんでこんなことやっているのかな」とか思ったことはありませんでしたか？

A　あんまりないですね。阿弥陀仏というのがあって。極楽と地獄というのがあると。うちのお寺なんかは、地獄絵と極楽絵があるんですね。子どもの頃から地獄絵図をずっと見せられて、悪いことをしたらここへ行くと。お盆のときはそれの大きな掛け図を出すんですけど、そういうような経験がありますんで、いいことをしたら極楽浄土に行くんだろうなということは一応知りつつ。それから、親（＝僧侶）が、「自分は葬式で極楽浄土に送ったはずなのに、すぐ後の挨拶で『天国に行った』という檀家さんがいる。西の方に送ったはずなのに、上に行ったと思っている、そういうのは困る」という説教をしているのを聞いたりするわけですよ。それで天国と極楽浄土は違うんだなあということを、よくわからないなりにも意識はするようになっていきました。

B　僕は母方の実家がお寺だったので、ずっとお寺で育ったわけではないんですけれども、お寺に行き来はしていましたから、なじみはありました。なので一般の家の生活と変わりませんでしたから、普通の人の感覚と近いところがあるんじゃないかと思います。「信仰する」ということがどういうことなのかよくわかっていませんでしたが、昔から親に「悪いことをすると仏さまがバチあてるよ」というような話はよくされてたんですけど、じゃあ仏さまってなんなんだろうと考えたことはなかったですね。仏さまっていう存在がよくわかっていなかったんだと思います。小さいときの影響で漠然と「いる」とは思わされていましたけど。

それが、大学に入って勉強するようになって、「ああ、そうやって信仰の対象として見ていくものなんだ」ということがわかってきました。僕の中で一番「信仰する」ということを意識した契機としてはやっぱり卒業論文です。お坊さんとして勉強していく中で、「そうか、他人にもそういうことを僕は教えていかなきゃならないんだ」って思うようになってきて。今でも「こういう場合はどう考えたらいいんだろう」とちょっとした疑問が生まれることはあるんですが、そういうことも抱えつつ勉強していかなくちゃいけないなと。

Ｃ　僕は「あったらいいな」という感じです。確実に「ある」とはいえないですけど。病気とか、そういう有事のときには、「ある」と思っている方がまだ救いがあるんじゃないかと思うんです。葬儀に出ていると、お孫さんと話すことがありますが、おじいちゃんおばあちゃんは天国にいると思っている。高校生くらいになっても、自分の宗派はなにかも知らないが、天国とかには興味をもっている。他界があるという感覚はあるが、知識はないまま大人になっていく。自分も、他人よりは知っていたけど、同じようなものでした。

それが、「浄土があってよかったな」と思ったのは、大学院のときに祖父が亡くなったときです。そのとき一番救いになったのは、看護婦さんの言葉です。祖父が亡くなる前日に「南無阿弥陀仏」と手を合わせて唱えていたと聞いたことです。その言葉で気分が楽になりました。

司会　おじいさんは浄土宗でいうと念仏者みたいな感じだったんですか。

Ｃ　いえ、念仏は寝る前に一〇回唱えればいいと言っていた程度で（笑）。僧侶というより文化人みたいな人でした。

Ｄ　僕もＣさんと同じように、肉親の死が契機になって浄土を意識するようになりました。高三のときに祖父が、大学一年のときに祖母が逝ったんですが、場所としての極楽みたいなものを意識しはじめたのは間違いなくそこです。それ以前から、場所としてではないですが、ことは違う異次元からなにか「見られてる感」みたいなものはありました。それが悪いことはしちゃいけない、いいことをしようみたいな意識につながっていました。私は地獄の対概念として極楽をとらえてはいないんです。死後の世界は極楽と直結している。だから地獄に行く可能性みたいなものは僕の中にはないのです。教義や知識的なものは僕にとってはすべて後づけ的なもので。感情的なものが自分の本音です。「こう考えていけばわかる」みたいな大学に入ってから学ぶことは、学べば学ぶほど信じられなくなるところが余計にあるわけで。逆にいうと、肉親が死んだといった事実以外で極楽を意識することは正直いってないですね。確実にあるなんていうのはやっぱり言えないですよね。正直な話。だから信じるっていうしかないような。証明することはわれわれ求められていないし。

筆者　司会の方ご自身はどうだったんですか?

司会　僕の場合はもっとなまなましくてですね。ほんっとに。それこそ証明のしようがないです。僕はもう「見ちゃった」んです。第一期僧侶養成講座の礼拝の途中でした。やっぱり礼拝［筆者注：五体投地型の行］を一〇〇回、二〇〇回、三〇〇回やっていくと……

D　あー、そういう人いるんだー!

司会　途中で「疲れたなあ、もう早く終わんないかな」という雑念を通り越し、あとはもう体が自然に動くようになっていきます。そうなったときに阿弥陀さん［仏像］が揺れたんですね。こう。なんていうんですか、離脱してくるんですね。像はあるんですが、近づいてくる金色の仏さんがいるんです。ぶれてきて、徐々に近づいてきて、まあ阿弥陀さんだろうなあっていう。そこで僕は「あれっ?」と思って、止まって、立ったままだったんですよね。そこで、指導員から叩かれて、そこでパッと消えたんですよね。

A　おおー!

司会　もうほんとに目の前で。もうちょっと行ってたら、たぶん悟ってたんじゃないかなと。こう自分の中に入ってきたんじゃないかなと思うんですが。ほんとにあの指導員のせいで、おれの阿弥陀様を……(笑)

あの体験は忘れられないんですが、言うことによって他人がどうのこうのできるもんでもないですし。それにあの体験が自分の阿弥陀仏信仰の基盤にあるかっていったら、そうではないですね。むしろBさんのように、幼少期から体験してきたことが大学で知識を学んで自分の腹に落ちたということと同じです。あの体験から得たのは、「ああ、やっぱりいたんだ!」というか「いらっしゃったんだ!」っていうその実感ですよね。それが阿弥陀の実体験ということで自分の中に落ちているっていうことですかね。

それ以上のことはなにもないです。それ以後はお会いしたこともなければ、感じたこともないんですけれどね。

Ｄ　そりゃすごいやー。

Ａ　あれやるの夏だからね。

Ｂ　暑かったからさ……（一同　笑）

筆者　さっき地獄の話が出ましたが、地獄に関しては皆さんどうなんでしょう。極楽とは対概念ではなくて、死んだら行くかもしれないところとは意識していないんでしょうか？

Ａ　僕が主に勉強している中国の浄土教では、浄土と穢土っていう対比の方が多いですし、地獄は六道の一部にすぎませんから。ただ、日本では『往生要集』がすごく影響していて、地獄っていう概念がかなり大きいものとして培われてきたという歴史的な経緯があります。まあ勉強していくと地獄、地獄っていう話が教義のレベルではそんなに出てこないから、ついつい感覚から外れちゃうんですけれども。ただ民俗信仰っていうレベルでは圧倒的に地獄と極楽っていう対概念にはなると思うんです。でも地獄は経典でもそんなに多くは出てこないですから。

司会　むしろ朝の勤行やってて、阿弥陀さんの顔見て、ああちょっと怒ってるなー、そういえば昨日ちょっと掃除さぼっちゃったもんなー、というような方が、地獄よりリアルな体験ですね。地獄に落ちるからどうのこうのっていうより、阿弥陀さんが見てるからなーという感じです。

A　ここで浄土について、ちょっと教義的になっちゃいますけど、説明させていただいていいですか。浄土の思想というのもいっぱいあって、僕がよく話をするとき整理に使うのが、田村芳朗という先生が用いていた「なる(成る)浄土」と「ある(在る)浄土」と「ゆく(往く)浄土」の区別です。「なる浄土」っていうのは、菩薩がこの世の中に仏国土を建設していく、つまり世の中をよくしていってこの世界を浄土にしていこうという活動。『維摩経』や『法華経』とかに書かれるような。これが近代の仏教社会運動とかに結びつけられていっています。

「ある浄土」というのは、「自分の心の中にある浄土」という「唯心浄土」的な考え方が強く、「この世界が実はそのまま浄土なのである」というもの。本当は私たちのまわりにずっと存在しているけど、それがわからないだけだと。天台宗は基本的に「ある浄土」の立場をとりますし、禅宗なども心の中に浄土があるということを言ったりします。

最後の「ゆく浄土」は一番わかりやすいもので、阿弥陀さんが乗っけてって連れてってくれる極楽浄土は、西のはるか離れたところに実際に存在するというものです。僕らはそこを「指方立相《しほうりっそう》の浄土」っていうんですけど。唯心浄土の方角も形ももたないという考え方に対しての表現でして、僕ら浄土宗では「ゆく浄土」が実際に方角と場所をもって存在しているという立場をとります。

僕らはお念仏をすれば浄土に往けると浄土三部経などに書いてあるので、念仏をするわけです。念仏というのは祈る程度のものではなく、一応修行です。その修行が実った暁には極楽浄土に往くことができる。で、そこですぐ仏になれるわけではなくて、まずは菩薩になり、極楽はいい環境だからそこで修行を行って、そのうち仏になれる。

それから「還相回向《げんそうえこう》」という考え方があって、仏になった後そこからまた僕らの世界に還ってきてくれて、僕らのまわりで教化をしてくれるということになっています。僕らの宗派でもいいますが、浄土真宗ではこれをとくに強調しますね。

浄土の実在性に関する、僧侶としての葛藤

司会　浄土宗の僧侶としての立場の話に移りたいんですが、自分では浄土について確信がもてなくても、お檀家さんとつきあううえでは浄土宗の僧侶としての立場が求められますよね。僧侶としての葛藤というものはおありでしょうか？

たとえば、往生していただくのがわれわれの役目で、引導を渡しますが、「本当に往ったのかな？」と思うようなことは？　極楽に生まれ変わったという立場はとりますけれど、そこはやはり不可知な部分があるわけですよね。迷うことはないんですか？

D　それはやっぱり、迷いっぱなしですよね。

司会　決着はどうつけていらっしゃるんですか？

D　それはわれわれが宗祖を志向するという、それだけじゃないですか。法然上人がおっしゃっているから、というしかないですね。個人的な経験だけで語るわけにはいかないから。われわれは檀家の方々に対して方向を示す役割だ、と自分の立場の認識を変えるしかないですね。

そういうことでは、極楽の存在は確信できないですけど、自分が送るっていうことは確信できますね。送る先の場所についてては確信はないですが、送っているという行為には確信があるということです。その確信の根拠は行［筆者注：加行《けぎょう》。伝宗伝戒道場で行なう僧侶になるための最終的な修行］です。

A　証明できることではないですから。「宗祖が言ったことによれば」とか、「私が勉強した限りにおいては、往っているはずです」という言い方しかない。いや、檀家さんに対してはやっぱり「往きました」と言うしかないです。「往ったかどうかわかりません」って言うわけにはいかないですよ。そんなことは求められていないと思いますし。

B　やっぱり、自分で体験していないことは確実性がないんで、そこは、信じているっていう一言に尽きるんじゃないかと。

C　檀家さんのことですが、あの「千の風になって」の歌のおかげですごいきかれるよう

になりましたね。「あの歌では『お墓にいません』といってますが、じゃあ、今どこにいるんでしょうね」とか。（一同　笑）

子どもとかにも「ほんとに極楽ってあるの？」って聞かれますね。そういうときは「行きたいところに行ってるんじゃない。君はどこに行きたい？」って聞いてみたりします。「遊園地」という答えがくると「じゃあ、おじいちゃん、おばあちゃんはそこで待ってるよ」というと、ちょっと首をかしげますがなんとか納得はしてくれます。

なんといいますか、あの歌のせいでみんなが興味をもちはじめたかと。「お墓にいません」というのは困りもので……　でもお盆のときには使えるかなと。リスとキュウリに乗って帰ってくるというとき、家とお墓とあの世を区別して意識してもらえるっていうか。

浄土信仰と日常生活の関係

司会　浄土、天国、地獄って言葉にしてしまうと、あるかないかわからないという意見が大多数ですけれども、死んだ後なにかあるかとなるとかなり「ある」という数値は上がるということはありますすね。

それでは、われわれは浄土や阿弥陀仏の存在を前提としているわけですが、日常生活の中で「浄土を信じていてよかったな」とか、「信じていなかったらこんなにしんどい思いをしなくてよかったのに」といったことはありますか？

たとえば、トラックにひかれそうになったけど奇跡的に助かった、というようなときに「ああ、お念仏のおかげかな」と思うかどうかとか。

D　僕はあんまりないですよ、それ。僕は極楽には死以外は結びつかないですよ。日常生活でことごとく阿弥陀仏に帰着させることはないです。

司会　でも「見られてる感」があるっておっしゃっていましたよね。

D　ええ、でもそれと場所としての極楽というのは違います。

司会　「見られてる」っていうのは、阿弥陀仏に見られているんじゃないんですか？

D　そうじゃないんですよ、違う顔なんですよ。（一同　沸く）いや、僕ん中じゃ、仏像みたいな顔はしていないです。どっちかというと色ですかね。色。形としてあるんじゃなくて。

筆者　何色なんですか？　金色とか？

D　いや、僕の場合もっとダークです。グレー。だから、日常生活でなにかあったとしたら、たとえば今のトラックの例だったら、よりリアルな自分の悪業を思い出しますよね。そこに阿弥陀仏を介在させることは、僕の場合、ないです。死の場面以外、阿弥陀仏が顔をのぞかせることはないですね。

Ａ　僕も一緒です。現世で起こっていることについて阿弥陀仏を介在させることはあまりありません。というのも、もともと浄土宗は現世利益の考え方についてはかなり慎重で、古来より念仏による現世利益があるかないか、いろいろな議論があります。僕の場合はやっぱり信じにくいですし。「南無阿弥陀仏」と言ったことであれが起きるこれが起きるという風には考えません。なんでもかんでも阿弥陀様のおかげとしてしまうと、逆に悪いことでもなんでもかんでも阿弥陀様のせいということにもなってしまう危険があります。浄土宗が考える阿弥陀仏は楽のみを与える仏様のはずで、キリスト教の試練のような思想はないと思っています。

司会　それじゃ、檀家さんが「阿弥陀さんにお願いしたおかげで孫が大学に受かりました。本当にお念仏しててよかった」と言ってきたら、僧侶としてどうしますか？

Ｄ　そりゃ、その場合は「よかったですね」と言いますよ。間違いなく。（一同　うなずき、笑）方便というか、自己矛盾だと思いますけれど。「いや、おばあちゃんね、それは阿弥陀さんのおかげじゃないよ」とは決して言わないです。

Ａ　現世利益の考え方については、僕は野村監督の『野村ノート』に最初に紹介されていた「心が変われば態度が変わる。態度が変われば行動が変わる。行動が変われば習慣が変わる。習慣が変われば人格が変わる。人格が変われば運命が変わる。運命が変われば人生が変わる」というヒンドゥー教の言葉をよく思い浮かべます。そういうように、細かいことの積み重ねによって、「南無阿弥陀仏」と唱えることの積み重ねでだんだん心が変わり、態度が変わり、行動が変わっていく、そしてなにかが起きる、くらいのことは信じてもいいんじゃないかと常々思っていますが。

極楽に往けるという確証があれば、今すぐ死ぬかどうか

司会　また個人的なことをお聞きしたいのですが、もし浄土に往けることが確実だとしたら、今すぐ死んで浄土に往きますか?

一同　それはないです。いくらお金を積まれても……(笑)

A　現世が楽しいですし。

D　そういうところに追い込まれた経験がないですし。

筆者　質問された司会さんはどうなんですか?

司会　僕は死にますね。

一同　おおー!

司会　当然、絶対的な確証が得られたらの話ですよ。

A　えー、浄土宗の教えで、「三種の愛心」というのがあります。死ぬ直前に際しては、

まず妻子や財産に対する執着が生まれ、次に自分の命への執着が生まれて、最後に死んだ後どうなるのかわからないというところに執着が生まれるということが昔からいわれています。

自分がよく読んでいる平川克美という人のブログで、自分が若くて元気なときには考えもしなかったことが、老いを経験していく中で次々と出てくる。老いてみないと、実は生きることの意味は半分しかわかっていないんじゃないの、というようなことが書いてありました。僕が今死んじゃうと、老いも病も自分では実感としてはわかりませんから、その状態で、本当にこの世を穢土だと思って極楽浄土に往けるかというと、なかなかやっぱり。非常に難しい質問なんじゃないかと思います。

司会　いつかは往くところだろうけれど、いますぐ往きたいということではないということですか。

A　そうですね、今死にたいと思っても、そんな覚悟をもった念仏ができるかどうか自信ないですし。

C　自分は、そうですね、死にたいと思ったことがあるんで。死んだ方が楽かなと思ったことが。ですから、確実に浄土に往けるときいたら、死ぬかもしれないけれど。ただ、往くなら、その前に全部記憶をなくしてほしいです。今死ぬと、こちらの世界で悲しむ人もいますし、その関係性の記憶を断ち切ったうえで極楽に往けるのであれば、死んでもいいかなと思います。

司会　ポッと死んで、記憶を消去して、新しいものとして向こうに生まれ変わるということですね。

C　ええ、だったらいいんですけど、草場の陰から見守るように、こちらから現世が見えるのであれば、今死ぬことはできないかなと。

D　そうやって関係性を解体してまで求める行為じゃないですね、僕の場合は。自分は楽になるといっても。僕はそれほどの苦労を経験したことがないからだろうと思うけれど。でもやっぱりそれを超えて命をどんどん運んでいくことが大事だと思うし。そうしたいと思いますね。感情的ですけれども。壁、試練は当然のことだと思います。それほどの状況に追い込まれたことがない人間だからいえることかもしれませんけれど。

筆者　司会さんが今すぐ浄土に往きたいのは、それほど現世が苦しいっていうことなんですか？

司会　いや、僕はもう、エゴイスティックに。自己愛にあふれている人間なので。解脱したいなあって思っているんです。（一同どよめく）

C　じゃあ、見守りますよ。（一同　笑）

司会　この世が穢土だとか苦しいとか思っているわけじゃないんですけれども。お釈迦さんが苦しい、苦しいと思われたようなことは感じていないんですけれども。いやもう、それは、往けるもんだったら……。親が子どもに先立たれて悲しむとか、そういうことは……。お浄土に往けるんだったら、それは喜んで送り出してほしいなと思っています。いつかは会えるんだから。待ってるよ、と。

一同　なーるほどなー。

A　檀家さんがそういう理由で「私死にたいんです」と言ってきたら、僧侶としてどうすべきかと苦悩すると思いますが、司会さんのようにそう嬉々として往きたいと言われたら、「ああ、じゃ往ってみますか?」と言ってしまいそうですよ。ついつい。いや、実際は「だめだめ、もうちょっとがんばりましょうよ」とは必ず言うでしょうけれども。

仏教宗派による意識の違い

D　これ、浄土宗で話しているからこうですけれど、他の宗派まぜたら、みんな(場所としての)浄土なんて「ない」って言うでしょうね。

司会　あー。

筆者　「言うでしょうね」ということは、ふだん、宗派間でも宗派内でもそういうことを議論することはないんですか?

D　ないですね。こういう議論の場はないです。この大学に入った時点で「ある」ということが暗黙の前提に……。

A　まあ、学部生の中にはほんとかなと半信半疑の人はいると思いますけれど。今、天台宗の方々と共同研究をしていますが、あちらは「浄土は心の中にある」もしくは「この世こそが浄土である」派、こちらは「浄土は心の外にある」もしくは「死後の世界に限定する」派ですから、教学論争みたいなものはよくふっかけられます。もちろん、考え方がぜんぜん違うので論争は熾烈を極めます（笑）。ただ、それは本気で徹底的に論駁したいというのではなく、根底にはどこか尊重し合っているところがあって、最終的には僕の立場とあなたの立場の違いっていうのを互いに認め合って、その落としどころを確認し合っているというか、そんなような気がします。破邪顕正《はじゃけんしょう》という考え方もありますが、やっぱり同じ仏教徒ですし。わざわざ「ない」といってケンカをふっかけるようなことはしないですね。あって困るものじゃないですから。

司会　宗派内でやるとしたら、「ない」という人たちをどうやって「ある」方に向けるかという議論はありえると思うんですけれど。あるかないかが議論の俎上《そじょう》に上ることはないですね。

A　あるということを前提としないとなんの勉強もできないよ、ということに。

筆者　強い意味で浄土は自分の外に「ある」と思っていらっしゃる方は、浄土の情景といいますか、どのようにイメージされていますか。

D　経典の描写に基づいてイメージするしかないですよ。（数名うなずく）だいたいよくわからないですけど……。

司会　僕の場合はそれこそ絵解きの……もう、雲の上に乗っていらっしゃってとか。まあ、あれも経典をもとに描かれているわけですから。頭に浮かぶのは絵ですね。

C　本堂はどうですか。本堂のあのキラキラっと。自分よりも上に阿弥陀仏を置いている……。

A　ああ、確かに本堂は浄土を表していますからね。

司会　でも本堂はちょっと近すぎてね。あまりにリアルすぎて。もうちょっとファンタジーの世界でないと。

D　まあ想像つかないですよね。サイズも途方もないわけですし。

彼らが学ぶ浄土学閲覧室（研究室）の奥中央，書庫と書庫の間に設置された仏壇．位牌には歴代の主任教授の戒名が刻まれています．

Ａ　きんきらきんではあるんでしょうけど。

極楽に往ったら

筆者　みなさんは、浄土に往ったらまずなにをしますか？

Ａ　まず蓮の花の台からパカッと割れて生まれてくるんですよね。桃太郎みたいに。

司会　僕はまずもう一回ちょっと阿弥陀さんに会いにいくかなーと。あとはもう悟りを得るために、どういう修行があるのかな、っていうところですね。

Ａ　気持ちはずっと「イってる状態」なわけですよね。苦痛はなんにもなくて、なんでも自分の自由自在にできるわけですから。

Ｄ　僕は美しくて聡明な女性を探すかな（笑）。

Ａ　女性がいないっていう噂もあるよ。先輩がそれを聞いてがっかりしてた（笑）。

司会　そうか、性別をも超えてしまうわけだからね。

いやー、皆さんかなり本音で話してくださったようで。皆さんご自身にも楽しんでいただけたようで。また生まれてからずっと前提としてきた極楽や阿弥陀仏の存在を言葉にしてみることは、私を含めいい経験になりました。ありがとうございます。

*

いかがでしょうか。参加者は、寺育ちということ以外は他の日本のごく一般的な若者と同じような文化——たとえばゲームやアニメ、スポーツ——の中で成長した人ばかりです。大学でも、僧侶であるということのほかは、他の院生に比べて、とくに変わっているわけではありません。また、どの人の寺も、その地域で代々引き継がれてきた古い寺です。ごく〈自然に〉宗教的な環境の中で育ってきたといえる人ばかりです。

そのような彼らが、天国・地獄は「ない」とする日本の多数派の目を意識して、半ば照れながら、半ば浄土宗僧侶としての自負をもちながら、極楽に対する個人的な思いを率直に語ってくれました。育った環境は似ていても、極楽があるのかどうか確信がもてない「ない」派に近い人から、神秘体験を契機に「ある」としか思えなくなった人まで、あるいは大学で勉強するほど信じにくくなった人から、勉強するほどに信仰を深めた人まで多様な人たちがいることがうかがわれました。みな地獄はほとんど念頭外に置いている点では共通で、そこには現代風という面と学僧だからという面があるようです。自分探しよりもよい行い、悪い行いが話題になるところは伝統的仏教を継承していますが。

世間的に「カルト」などと呼ばれる集団とは縁がなく、社会と大いに接触・交流のある、しかもアカデミックな空間でもこれだけのことが今の日本で起こっているというのは特筆に値するかと思います。天国・地獄信仰は廃れたようでいて、こうして信じる人の事情を聞いてみれば、ありえないほど不可思議な信仰でもないようです。保守派クリスチャンやムスリムの意識が〈日本人〉とはかけ離れていると決めつけるのは早いということです。

「極楽に往けるという確証があれば、今すぐにでも死ねる」という発言がありましたが、現実問題としては客観的な「確証」を得ることは困難でしょう。ただ、この発言は世俗的な視点からは自殺容認ととられる可能性があります。現在、浄土宗では自殺者は極楽に往けるとしているのでしょうか。これについては、自殺のみならずなにをしても、いかに重い罪を犯しても、念仏を唱えることによって極楽に往けるという教義解釈が主流です。しかも、本人が生前念仏を十分に唱えていなくても、家族をはじめまわりの者がその人のために念仏を唱えること(廻向《えこう》)により、浄土に送ることが可能なのです。これは『往生要集』から大きく変化した点です。

そこまで極楽を開放してしまうと、日々の行動に対する倫理的規制力は低下するのでジレンマが生じます。座談会参加者の一人が、自分を見張っている存在を阿弥陀仏とは別に新たに設定しているというのは興味深い現象です。

念仏を唱えることで誰でも極楽に往けるという考え方は、罪人であっても信者である限り地獄から天国に移ることができるとするイスラムの教義を想起させます。イスラムでは地獄で罰を受けることで信者の罪が浄化されるとしますが、極楽では修行が待っています。イスラムの天国(キリスト教の天国も)は純粋に「報酬－褒美」ですが、極楽はそうではないのです。極楽と地獄は、字面の上では対照的ですが、こうしてみると、仏教の極楽は、イスラムにおいてはその天国よりも、信者用の地獄の方に構造的には対応していることがわかります。最終的な救済の一歩前の段階ということです。受動的な罰と能動的な修行という違いは大きいですが、イスラムでも仏教でも、信者に向き合いながら救済の条件について突き詰めて考えるうちに、似た結論に達したという点は注目に値します。

おわりに

本書を読みはじめる前には、「三大宗教の天国・地獄」という言葉からなにを想像されたでしょうか。本書で述べてきたような伝統的な天国・地獄の姿は、今では忘れ去られている部分が多いようです。「天国はある」という人の割合が多いアメリカでも、ごく一般的な天国イメージは、みな白い服でフワフワと浮いていて、ハープなどを優雅に奏でている程度のものと聞きます(どうやら天使像と混ざってしまっているようです)。

それだけに、「イスラムの殉教者はこのような天国を信じているのだ」と聞くと驚きもひとしおなのでしょう。三大宗教はそれぞれ違うと思い込みもあるようです――日本人は、一神教と仏教の違いを強調しがちですし、キリスト教徒は保守的な人ほど、仏教のみならずイスラムともキリスト教は違うといいがちです。しかし、キリスト教や仏教にも宴会的天国は無縁ではないことがわかりました。さらに重要なのは、民族宗教・民間信仰に比べれば三大宗教の他界観は共通性の方が大きいということでした。救済のゴールである来世(あの世)で人間はどのように過ごすのかというのは、三大宗教では大きな関心事であり、その説明は時教の拡大に伴い緩やかになるという傾向も見られました。

それらの天国・地獄観は近代化とともに変化してきました。民主主義的価値観を自明のものとする眼には、キリスト教やイスラムの伝統的天国観に含まれている「王様」モチーフはとくに違和感があるでしょう。つまり、王である神に謁見を許されることや、自分が王様のように大量の召使を抱えて豪邸に暮らすことを幸せとしていることに対してです。仏教の極楽についても、「湯船につかって『あー、極楽、極楽』」が一般人の感覚でしょう。「極楽では勉強するんですよ」などと言ったら「え？　別に解脱したくないので、極楽は結構です」と言われかねません。

そのようなわけで、伝統的な宗教に代わり、〈自分探し〉の「スピリチュアル」が台頭していきました。現在のアメリカ社会では、この「スピリチュアル」とブッシュ大統領の支持基盤とされてきた「保守派キリスト教」が混在していますが、歴史的には数十年サイクルで交代してきた反対勢力であることを概観しました。イスラムでは、欧米流の左右対立と伝統的信仰の否定・肯定は必ずしも一致しないので、天国信仰とフェミニズムの結合も見られました。仏教では、一〇年ほど前に「チベット死者の書」が話題になりましたが、これはスピリチュアル・ブームの方の動きでした。「チベット死者の書」とは、チベット仏教で臨終に際して読まれる経典ですが、死後の意識の状態を表す奇書として日本より先に欧米のニューエイジ文化の中でもてはやされていたのです。それに対して、本書では、伝統的な極楽信仰の方は今どうなっているのかに焦点をあてました。

ゲームやアニメには、天使や悪魔の居場所として、「天国」「地獄」よりも「天界」「魔界」といった言葉の方がよく使われているとしたら、それはこの、伝統的三大宗教からスピリチュアルへという変化を反映しているといえるでしょう。死んだ後に人間が行く、あるいは終末に立ち現れる世界ではなく、同時進行し、人間社会にしばしば口を開く異界というわけです。「終末から世界を救う」とすれば、勇者の冒険の主題になりやすいですが、その場合の「終末」は天国・地獄とは関係のない、避けるべき世界の滅亡のことでしょう。

読者のみなさんも死後や来世について思うところはおありだと思います。本書はそれぞれの考えについて正しいとか間違っていると診断するのではなく、それが天国・地獄観の歴史的変遷に照らした場合、どのような特徴をもっているといえるのかを認識していただくためのものです。さらになぜそのような変遷が起こったのかを理解していただくためのものです。これは信仰の立場から離れた、「比較宗教学」のアプローチです。

「比較」というと、一番よい天国やひどい地獄はどれか、あるいは一番高尚な天国、一番親しみやすい天国はどれかといった価値評価を伴う比較になりやすいものです。しかし、本書はそのような比較は極力排しました。代わりに、天国・地獄観の歴史的変遷を大づかみにとらえるための整理として、あるいはよくある「思い込み」に注意を促すための道具として比較という方法を使いました。単に天国・地獄について知識を増やすだけでなく、宗教学へのいざないとして本書がお役に立てば幸いです。

参考文献

電通総研・日本リサーチセンター編『世界60カ国価値観データブック』同友館、二〇〇四年
石井研士『データブック　現代日本人の宗教』（増補改訂版）、新曜社、二〇〇七年
小口偉一・堀一郎監修『宗教学辞典』東京大学出版会、一九七三年
山折哲雄監修『世界宗教大事典』平凡社、一九九一年
M・ウェーバー『宗教社会学論選』大塚・生松訳、みすず書房、一九七二年
M・ヴァン・スコット『天国と地獄の事典』奥山監修、原書房、二〇〇六年
J・ボルヘス、A・ビオイ＝カサーレス『天国・地獄百科』牛島訳、水声社、一九八二年
柳田国男「魂の行くえ」『定本柳田国男集』第一五巻、筑摩書房、一九六三年
小松和彦編『日本人の異界観』せりか書房、二〇〇六年
F・グレゴール『死後の世界』渡辺訳、白水社、一九九二年
R・ヒューズ『西欧絵画にみる天国と地獄』山下訳、大修館書店、一九九七年
日本聖書協会『聖書』新共同訳
神原正明『天国と地獄――キリスト教からよむ世界の終焉』講談社、二〇〇〇年

A・ダンテ『神曲』谷口訳、JICC出版局、一九八九年
平川祐弘『ダンテの地獄を読む』河出書房新社、二〇〇〇年
J・バニヤン『天路歴程』竹友訳、岩波文庫、一九九一年
大塚・小杉・小松・東長・羽田・山内編『イスラーム辞典』岩波書店、二〇〇二年
日本イスラム協会『新イスラム事典』平凡社、二〇〇二年
日本ムスリム協会『日亜対訳注解　聖クルアーン』
『ハディース　イスラーム伝承集成』牧野訳、中公文庫、二〇〇一年
大川玲子『聖典「クルアーン」の思想：イスラームの世界観』講談社、二〇〇四年
井筒俊彦『イスラーム生誕』中公文庫、二〇〇三年
吉原浩人編『東洋における死の思想』春秋社、二〇〇六年
萱沼晃・田丸徳善編『仏教文化事典』佼成出版社、一九八九年
古田紹欽他監修『仏教大事典』小学館、一九八八年
平川彰編『阿毘達磨倶舎論　真諦訳対校』第二巻、山喜房仏書林、一九九八年
金岡秀友他『地獄と極楽――浄土へのあこがれ』集英社、一九八八年
源信『往生要集　日本浄土教の夜明け』石田訳、平凡社、一九六三年
石上善應『往生要集――地獄のすがた・念仏の系譜』日本放送出版協会、一九九八年
速水侑『地獄と極楽――「往生要集」と貴族社会』吉川弘文館、一九九八年
富山県立山博物館編『地獄遊覧――地獄草紙から立山曼荼羅まで』富山県立山博物館、二〇〇一年

澁澤龍彦・宮次男『図説地獄絵をよむ』河出書房新社、一九九九年
定方晟『須弥山と極楽――仏教の宇宙観』講談社、一九七三年
五来重『日本人の地獄と極楽』人文書院、一九九一年
P・アリエス『死と歴史――西欧中世から現代へ』伊藤・成瀬訳、みすず書房、一九八三年
島薗進『現代救済宗教論』青弓社、一九九二年
景戒『日本霊異記』中田訳、講談社、一九九五年
E・スウェデンボルグ『死後の世界は実在する』今村訳・編、中央アート出版社、二〇〇〇年
S・マクレーン『アウト・オン・ア・リム』山川訳、角川書店、一九九九年
T・ラヘイ、J・ジェンキンズ『レフトビハインド』上野訳、フォレストブックス、二〇〇二年

Jones, L. (editor in chief) *Encyclopedia of Religion*, 2nd ed., Detroit: Macmillan Reference, 2005.
McDannell, C. and Lang,B. Heaven: A History, New Haven: Yale University Press, 1988.
http://judaism.about.com/library/3_askrabbi_o/bl_simmons_heavenhell.htm “Ask the Rabbi: Heaven, Hell and Afterlife in Judaism” 2008.1
Gibb, H.A.R. et. al. (ed.) *The Encyclopedia of Islam*, Leiden: E. J. Brill, 1960-71.
Homerin, T. E. “Echoes of a Thirsty Owl: Death and Afterlife in Pre-Islamic Arabic Poetry,” *Journal of Near Eastern Studies*, 44/3, 1985.
http://www.sfusd.k12.ca.us/schwww/sch618/Art/Art3.html “‘Religious’ Paintings in Islamic Art”（ムハンマド

が天国めぐりの際、地獄も訪れたことを表す絵画） 2008.1

http://www.islaam.com/Article.aspx?id=568 Dr. Muhammad Ali Al-Hashimi, "The Muslim has a Sense of Humor" 2008.1

http://www.ikim.gov.my/v5/index.php?lg=1 S. B. Mohamad, "Heaven and Hell before Us" Instiut Kefahaman Islam Malaysia 2008.1

http://www.bahai.org/ "The Baha'is" 2008.1

Muhammad, E. Message to the Blackman in America, Philadelphia: House of Knowledge Publications, 1965.

Lopez, D. S. (ed.) Religions of Tibet in Practice, Princeton: Princeton University Press, 1997.

http://www.cdnn.info/special-report/tsunami/tsunami.html "Farang Ghosts Haunt Local Thais in Phuket" 2008.1

Ratliff, G. Hell House, Plexfilm, 2003.

http://www.fatwa-online.com/ "Fatwa Online" 2008.1

http://www.islamonline.net/english/index.shtml "Islam Online.net" 2008.1

http://www.askimam.org/ "Ask the Imam" 2008.1

http://www.readingislam.com/ "Ask about Islam" 2008.1

http://eteraz.wordpress.com/2006/04/25/dude-muslim-lesbians/ Ali Eteraz 2008.1

Tahir, N. "I also could have become martyr for Allah," an adapted version of the article "Ook ik had een martelaar voor Allah kunnen worden" as published in NRC Handelsblad, 8/26, 2006

著者略歴

藤原聖子（ふじわら・さとこ）
東京大学文学部宗教学宗教史学科卒
シカゴ大学大学院博士課程修了（Ph.D. History of Religions）
大正大学人間学部教授

［専門］
比較宗教学，比較文化
［著書・論文］
『「聖」概念と近代――批判的比較宗教学に向けて』大正大学出版会，2005年
『宗教学キーワード』共編著，有斐閣，2006年
『「女性自身」が伝えたアメリカの戦争――ベトナムからイラクまで』監修，大正大学出版会，2007年
「英米の事例に見る宗教教育の新たな方向性」『現代宗教 2007』国際宗教研究所編，秋山書店，2007年
「宗教教科書を国際比較する」『宗教と現代がわかる本　2008』渡邊直樹編，平凡社，2008年
“Japan,” in *Religious Studies: A Global View*, ed. by Gregory D. Alles, Routledge, 2007
Peace Education and Religious Plurality: International Perspectives, ed. by Robert Jackson and Satoko Fujiwara, Routledge, 2008

三大宗教 天国・地獄 QUEST《クエスト》
—伝統的他界観から現代のスピリチュアルまで—

2008年10月10日　第1刷発行

著 者　藤 原 聖 子（ふじわら・さとこ）

発行者　石 田 順 子

発 売　大正大学出版会
〒170-8470　東京都豊島区西巣鴨 3-20-1

電 話　03-5394-3045　FAX 03-5394-3093

制作・発行　株式会社 ティー・マップ
（大正大学事業法人）

印刷・製本　株式会社 三 陽 社

 ISBN978-4-924297-59-3 Printed in Japan